契丹文珍稀

考释图说

裴元博 陈传江 著

钱帀

时代出版传媒股份有限公司
安徽美术出版社
全国百佳图书出版单位

图书在版编目（CIP）数据

契丹文珍稀钱币考释图说 / 裴元博、陈传江著. — 合肥 ：安徽美术出版社，2011.1

ISBN 978-7-5398-2680-6

Ⅰ．①契… Ⅱ．①裴…②陈… Ⅲ．①契丹语－古钱（考古）－研究－中国 Ⅳ．①K875.64

中国版本图书馆CIP数据核字(2011)第001237号

特别声明

契丹文珍稀钱币考释图说

裴元博　陈传江　著

*

安徽美术出版社

北京市十月印刷有限公司

全国新华书店发行

开本 787×1092毫米　1/16　印张13.5

印数 1—4000

2011年5月第1版　2011年5月第1次印刷

ISBN 978-7-5398-2680-6

定价：78.00元

自序

　　契丹文研究号称"绝学"，全世界研究者不足百人。中国，这个契丹文的故乡，研究者也不过寥寥数十人。我们师生能侧身其中，并能在钱币符牌这个专家学者尚无暇顾及的领域，率先垦荒，并取得少许成果，实老天眷顾，运之幸也。

　　契丹，中国中古时期北方一游牧民族，自号"天神裔族"，实乃鲜卑、匈奴融合的后裔。早期在辽泽旁医巫闾山区域生活，后逐渐北迁至内蒙古赤峰地区。在与汉、鲜卑、突厥、回鹘等强族交往中，契丹族一次次在跌倒后又爬起，坚韧不拔，自强不息，显示了旺盛的生命力。在五百多年与各强族的交流中，契丹人取长补短，创造了一种融天地万物于胸中、海纳百川为己用的开放式的契丹文化。

　　在与汉族长期交往中，契丹人参照汉字隶书，增减部首、偏旁、笔画，创造了记录契丹语的"胡书"。

　　"胡书"定型约在遥辇汗国建立初期。由于"胡书"的天生缺陷，契丹人在附属回鹘汗国一百多年期间，汲取了回鹘文字的精华，利用回鹘文的拼读方法，将"胡书"加以改造，又创造出一种通俗易学的"新胡书"。"新胡书"应该定型于回鹘汗国灭亡契丹转奉唐为宗主国的公元842年前后。两种"胡书"各有所长各有所短，契丹国汉人对来源于汉字的老"胡书"领会掌握较快，情有独钟；契丹及操阿尔泰语系的部族人对按语音拼读的"新胡书"喜之极甚。人们各取所需，所以两种"胡书"都各自获得了一部分受众的支持，得以同时在契丹地区流行。

　　公元907年，契丹族民族英雄耶律阿保机接受遥辇痕德堇可汗的禅让，建立了封建世袭制中央集权的契丹帝国，登上了天皇帝宝座。为加速契丹部族的封建化进程，使中央集权制万世永存，在"化祖为神，化家为国"思想指导下，阿保机在契丹发起了轰轰烈烈的"造神运动"。运动中，造神工具之一的契丹文创制神话被造出，"新胡书"被改为"契丹小字"，定为阿保机授权弟弟迭剌创制。继而老"胡书"被冠以"国字"、"大礼之字"、"契丹大字"，定为阿保机亲制。

　　自公元907年始，阿保机利用契丹大小字和能流行到社会每个角落的钱币，铸造了大量造神、宣传政策、教化黎庶的契丹文及汉文钱币，取得了预期的效果，巩固了中央集权。后来的历代天皇帝把契汉文同铸各种钱作为制度坚持到辽朝灭亡。据不完全统计，已面世的契丹文钱共有一百余种，有"老胡书"，也有"新胡书"，有契丹大字，也有契丹小字。有行用钱、国号钱、年号钱、纪年钱等行用钱，也有祭祀钱、庆典钱、职官钱、赏封钱、纪事钱等"大礼之钱"，还有赏玩钱、宣教钱、护身符钱等民俗用钱。其设计之精妙，铸制之精细，工艺之精湛，令人叹为观止。除钱币外，辽金两朝还存世留有一些极其珍贵的铭刻契丹文的符牌、印章、铜镜等文物，真实地记录了当时的人物、事件和重要的法律制度，站在辽金人的立场，反映了辽金人眼睛里辽金时期的真实历史。

泉痴山人原不懂契丹文字，当了解到陈传江业余自学契丹文已逾十年，二人心有灵犀，一拍即合，决定共同把我俩自藏的和要好朋友收藏的契丹文钱币、符牌、印章、铜镜，进行研究性的翻译考释，以解决喜爱契丹文物的藏友们见"天书"求解无门的遗憾。

陈传江契丹小字基本功扎实，特别对钱币契丹文的研究有独到见解，翻译起契丹文钱币顺风顺水，速度很快。但由于陈传江在大学是学工科的，语法上特别是直译出的汉语往往无法成句，这时泉痴山人中文系毕业的优势有了用武之地，二人经常逐字推敲，精心选择最恰当的字词组成流畅的译文，耳濡目染，一段时间过后，二人业务双双提高。山人粗通了契丹小字，借助资料也可做些简单的翻译了。传江的中文造诣日见深厚，翻译质量大幅度提高。

翻译考释过程中，我们坚持尊重历史，尊重原文，尊重史实环境的原则，努力使实物反映的史实在辽史或有根据的史料中得到可靠印证。不杜撰，不夸张，不贬低，实事求是对待每件需翻译考释的钱币和其他文物。自2009年6月20日第一篇考释文章在泉痴山人的博客发表，至今已近10个月，我们已撰写翻译考释契丹文钱币文章60余篇，契丹文符牌文章25篇，契丹文印章、铜镜等文章5篇，尚有翻译考释心得10余篇。

已翻译考释的契丹文钱币中，有10种国号钱、9种年号钱、2种纪年钱、2种背字钱、3种职官钱、2种两对（4枚）赏封钱、8种面汉字背阴刻契丹文钱、3种行用及流通纪念钱、7种纪事钱、3种祭祀辽太祖钱、4种政宣教化钱。这些钱币基本上反映出存世契丹文钱的全貌。

已翻译考释的契丹文符牌中，有职官牌四面，赏封牌九面，通行牌两面，印牌一面，职司牌三面，圣旨牌两面，纪事牌两面。这是在中国符牌史上第一次一次性集中考释这么多种类、这么大数量的符牌，其对辽金史研究的贡献是不言而喻的。

　　已翻译考释的契丹文印章、铜镜中，有职官印三枚、私印两枚、陪嫁纪事镜一面、祝寿镜一面、九宫八卦十二生肖镜一面。这些大致反映了契丹社会民俗生活的一些侧面。

　　我们不是契丹文字学专家，也非专业历史学家，更非师出名门的钱币学家，我们只是由喜好到收藏，由收藏到研究的"草根研究者"。我们的研究，如果称得上研究的话，那要归功于几代奋战在契丹文字研究前沿的前辈们，我们只是站在巨人肩膀上的学童而已，能够在人类历史的大黑板上胡乱涂鸦似地留下自己探索的痕迹，已属万分幸运，夫复何求？我们的翻译考释只是初登契丹文研究大雅之堂的学童的一份习作，里面的缺点和错误一定很多，祈盼各界方家和广大读者对我们的习作给予批评指正。

　　这些文章应该说是我们和我们学识圈朋友共同完成，其中李卫、王树人、边辑、陶金、邵华伟等挚友的贡献三言两语无法诉尽。这里应该真诚地说，我们的研究成果里浸透着他们的关爱和汗水，"感谢"二字根本表达不了我们由衷的感激之情，我们只能从心底喊出一句话：让我们永远在一起！

　　在我们手中尚有为数众多的"胡书"与契丹大字钱币、符牌、印章、铜镜没有破译和考释，也还有部分契丹小字符牌、文物没有破译和考释，我们衷心希望有关专家对这些宝贵文物给予关注，辅导或帮助我们一起将这些阻碍契丹文研究的堡垒攻破，还原契丹历史的真实面貌。我们相信在广大藏友的支持下，我们的目的会实现的，也一定能够实现！

裴元博

2010. 8. 18于京东

前 言

　　契丹文钱币作为辽钱的重要组成部分，自20世纪70年代末发现面契丹文"天朝万岁"背阴刻契丹文"天地契丹，万世永行"当十银钱以来，至今已有近百种契丹文钱得到确认。其中，90％以上契丹小字钱获得破译和考释。遗憾的是尚有十几种契丹帝国建立前的契丹文钱（应称为"胡书"钱更恰当）和一定数量的契丹大字钱没有破译。

　　已破译的契丹文钱中有年号钱、国号钱、纪年钱、职官钱、祭祀钱、记事钱、颂圣钱、教化钱等品种，全面显示了契丹文钱已深入社会各个领域的真实情况。

　　铸造契丹文钱最多的是辽太祖耶律阿保机，已破译的六十余种契丹文钱中，辽太祖铸造的就有二十余种。其契丹文钱的特点是：有契丹文国号钱而未发现契丹文年号钱；三个年号仅发现一种契丹文纪年钱；907年铸造的"万岁三岁"都铸有契丹小字钱；用于"化祖为神，化家为国"的祭祀钱、记事钱、颂圣钱、教化钱、明志钱等契丹文钱，远多于契丹文国号钱、纪年钱、庆典钱，反映了太祖接受禅让就任天皇帝后发起的"造神运动""大德治国"等，推进中央集权制政策的艰难努力。

　　应天皇后铸造而且被破译的契丹文钱只有一种"'主（皇帝）'字石房子祭天皇帝"钱，反映了契丹族独特的丧葬方式和应天皇后对丈夫的一往情深。

　　辽太宗铸造的契丹文发现的不多，已面世的太宗造契丹文钱都是和"大辽"国号有关的国号钱，反映了辽太宗把燕云十六州纳入契丹版图后的满足、兴奋、得意的心情。

　　辽世宗、穆宗铸造的契丹文钱尚未发现。景宗、兴宗、天祚三朝都只各发现一种契丹文年号钱。

　　辽圣宗朝是辽铸造契丹文钱较多质量也最高的一个时期，其所铸契丹文钱的特点是，赏封钱较多，质量也最高，称得上是中国古钱币中顶尖的艺术品。除已发现的"面四神背阴刻赏军节度使耶律奴瓜"，"面龙凤背阴封银青崇禄大夫"两组对钱外，相信仍会有其他契丹文赏封钱尚未面世。年号钱只见"太平通宝"一种，统和、开泰虽还未发现契丹文钱，但可以肯定的是两种契丹文年号钱一定存在，只是没有发现罢了。国号钱"契丹元宝"，"契丹国宝"应开铸于此时，"大丹元宝"、"大丹国宝"、"大丹万年"亦应都有续铸。其他如职官钱、纪事钱、阴刻文钱也有少量铸造。

道宗朝是辽代继铸造契丹文钱最多的太祖朝后，另一个铸造契丹文钱最多的时代。其所铸契丹文钱的特点是年号钱铸造最多最齐全。目前已发现道宗清宁、咸雍、大康、大安、寿昌五个年号中的四个契丹文年号钱，只有大安年间的契丹文钱尚未发现。契丹人勇于创新，在年号钱背上首铸皇都名称"上京"，首铸钱币用途"军"，首铸皇帝思念之人"皇（后）"。继"神册元年"（916）契丹文纪年钱后，又铸契丹文纪年钱"寿昌四年"，中间182年铸没铸过契丹文纪年钱目前不得而知，起码至今未见出土和传世实物。铸有重大事件纪事钱"辽祖宋孙"，真实记录了辽道宗妥善处理边境争端，维护辽宋得来不易的百年和平时，对宋晓之以理，动之以情，情真意切，感人至深的言语和行为。"辽之于宋也，情重祖孙，夏之于辽也，义隆甥舅，必欲两全于保合，岂宜一失于绥存……"之句，至今仍回响在中国北方大地，展现着契丹人海天般广阔的胸怀。道宗续铸了所有"大辽"国号钱，"大辽元宝"、"大辽国宝"、"大辽万年"钱；道宗还在行用钱"千秋万岁"、年号祈语钱"寿昌万年"、国号钱"大辽国宝"的背面阴刻祝寿语"寿昌万年"、"千秋万岁"、"千春万秋"等，使契丹文钱又多了个品类。

遥辇汗国已获破解的三枚"胡书"钱把胡书演变成契丹文的脉络展现得清晰可辨，"大丹重宝"背阴刻契丹文"宸令宜速"，把契丹小字的创制时间至少提前了一百余年，其意义异常重大。

东丹国契丹文"承天甘露"和祭祀文"助国通宝"钱的发现和解读，使人们研究东丹国的历史有了实物证据，对它与宗主国契丹的关系有了新的了解和渠道。

目前发现最后使用契丹文铸钱的人，是任何人都猜不到的南宋人。这套由南宋人铸于金章宗泰和七年（1207）的十六字（四枚钱）书信钱，是封隐密的"乞降书"而不见于史。它的发现补充金宋历史的缺失，真实地披露了当时的历史真实。

契丹文钱的发现和破译意义重大。首先，它以使用契丹文字的人们自己书写的史实，客观真实地展现了那段历史，纠正和补充了辽朝原已残破扭曲的历史。其次，它以实物凭证，真实地揭示许多重大历史事件的真相，使许多历史之谜大白于天下，为当今人们客观公正地对待历史提供了确凿的证据。其三，它以丰富多彩的品种、琳琅满目的样式、高低错落的品质，使辽钱这座奇异的百花园更加绚丽更加光彩照人。

契丹文钱币不是现代钱币学意义上的"厌胜钱"，它们都可以流通行用，可以购物，可以支付任何费用。然而从萨满教"万物皆灵"的教义讲，契丹文钱（包括汉文钱）又都是"厌胜钱"。人们把它们当作最具神力的天皇帝的"王信"，太阳神的圣物，收藏它，祭拜它，祈求它的保佑。所以不管它们被铸成何种、何类、何材、何质，人们都不舍得去花掉它们，用它们去担当"钱"的任务。契丹人笃信的宗教决定了契丹文钱的性质，不管你铸造时原准备让其担负的流通或庆典，赏赐或祭祀，还是宣传和教化的作用，人们只把它们当作宗教用品而不是用于流通的钱币。

契丹文钱币告诉我们，不了解契丹社会政治宗教特殊情况，就研究不了契丹文钱币，就会把事实颠倒。契丹文的发现与考释证明契丹文在当时社会是易学易掌握的文字，普及程度很广，不仅契丹人会认会写契丹文，其他各族也都有人掌握了契丹文，否则不会铸造那么多种类的契丹文钱币。

契丹文钱的发现和破译是钱币界的大事，也是历史界特别是辽金史学界的一件大事，更是契丹文字界的一件大事。虽然成果还是初步的，尚需各界专家进一步检验，但总算在钱币研究领域为契丹文钱币正了名。

目录 | Contens

契丹帝国建立前契丹文珍稀钱币

早期契丹文钱及胡书演变史 ……………………………………… 2

有趣的胡书"大泉五十" …………………………………………… 6

胡书"常平两铢"钱考 ……………………………………………… 8

神秘的契丹祭日神钱 ……………………………………………… 11

"大丹重宝"记载的历史
　　——"大丹重宝"背阴刻契丹文"宸令宜速"钱考 ……………12

契丹祭祀文字在辽元钱币上的痕迹
　　——"大元国宝"背契丹文"至大"钱考 ……………………15

神奇的羊骨形钱币
　　——"嘎啦哈"形契丹文"万贴泉货"贴字钱考 ……………18

契丹帝国建立后契丹文珍稀钱币

辽太祖时期 …………………………………………………………… 24

应天皇太后时期 ……………………………………………………… 79

辽太宗时期 …………………………………………………………… 91

辽景宗时期 ………………………………………………………… 110

辽圣宗时期 ………………………………………………………… 116

辽兴宗时期 ………………………………………………………… 158

辽道宗时期 ………………………………………………………… 161

辽天祚帝时期 ……………………………………………………… 183

附：面契丹文背汉字吉语金套钱考释 …………………………… 187

契丹铸币的鉴定

契丹铸币的精湛工艺 ·························· 196

币材分类和化学成分 ·························· 198

契丹铜钱的锈色鉴定 ·························· 202

后记 ·· 205

契丹帝国建立前
契丹文珍稀钱币

早期契丹文钱及胡书演变史

契丹文大小字的本源是汉字，是脱胎于汉字系统的契丹民族文字。自春秋战国以来，中国北方地区包括少数民族在内大多使用汉字，但因长期胡汉杂居，北方地区使用的汉字已和中原汉字在读音、字形方面有很大差别。北方少数民族在长期使用汉字记录民族语言过程中，通过加减变异汉字部首、偏旁、结构而创造出一种具有北方民族特点的变形汉字，《旧五代史》称其为"胡书"。到唐末，这种胡书文字已达数千字，而契丹大字创制的基础就是胡书。

这种胡书具体何时出现？史籍虽无明确记载，但从北方出土的历代钱币分析，胡书最晚在东汉末期即已出现。在原契丹境内出现的大量用胡书书写的王莽钱"小泉直一"、"货泉"、"大泉五十"等就是明证。胡书钱文的"泉"字与唐末五代胡书的"泉"字一脉相承。南北朝时期，胡书继续发展，这时出现了著名的"大泉五铢"、"常平两铢"、"太元货泉"等胡书钱。唐朝时期，契丹人铸造了许多胡书"开元通宝"钱，其契丹民族风格之浓真令人叹为观止。

纵观契丹建国前的500多年中，契丹人铸币共分三个时期：东汉末至西晋时期，代表钱币为胡书"小泉直一"；东晋至隋时期，代表钱币为胡书"常平两铢"；唐朝时期，代表钱币为胡书"开元通宝"。从出土钱币可以发现，契丹族自诞生之日起就进行了钱币铸造，用胡书铭镌了各个时期仿铸钱的钱文。

这些胡书钱有个共同的特点，即使字形远离原字，但读音仍为原汉字之读

契丹文"小泉直一"铜钱

契丹文"开元通宝"铜钱

契丹文"大泉半两"背天鹅飞禽铜钱

音。这个特点即应是判别"胡书"和契丹大字区别的要点之一。变形、改变部首、偏旁、增减笔画应是早期创制的主要方法，而象形、指事、会意、形声、转注、假借的造字法在唐中后期胡书中才有较多的运用，这是判别胡书和契丹大字区别的要点之一。

有人疑问这些仿铸同时代中原王朝的胡书钱，会不会是907－916年铸造的？

这不可能。一是疑问者不清楚契丹钱币的铸造历史。耶律阿保机907年登上天皇帝宝座就铸造了流通行用钱"千秋万岁"、流通纪念币"皇帝万岁"、"天朝万岁"，还用得着用当时宝贵的铜去仿铸几百年前汉人的钱币吗？就像现在有流通的人民币，难道还会去仿造"大明宝钞"、"大清宝钞"用于流通吗？

二是疑问者不了解古代仿造钱币不是用于收藏而是用于流通。一般只会仿铸可以方便流通的同朝钱币，不会仿铸几百年前的其他朝代的钱币，从而给自己制造不必要的麻烦。

基于这两点，可以肯定地判断这些胡书钱不会是契丹人在阿保机建立契丹国

契丹文"吉大五铢"铜钱

3

契丹文"太元货泉"铜钱

面背四决契丹小字钱铜钱

的907年以后铸造。

还有人说这些胡书钱可不可能是契丹以外民族铸造的？现在还不能绝对否定。但从钱币风格、钱文和契丹大小字的关系，这些"胡书"钱与同时期中原王朝及契丹的历史关系，以及其出土的地域与契

丹的渊源等反映出的事实看，还没发现有任何一个民族能比契丹更有实力承担铸造胡书钱的能力。

由此断定，"小泉直一"、"常平两铢"、"开元通宝"之类的胡书钱，是耶律阿保机907年建立契丹国以前铸造，

篆书体契丹文合背铜钱

契丹大字铜钱

契丹大字背星月铜钱

铸主应是契丹古八部大人、大贺氏契丹王、遥辇氏契丹可汗。钱上的"胡书"应是当时契丹人用于记录自己语言和交流的汉字系契丹文字。

从各种契丹文胡书钱可以看出胡书创制、发展、演变，以及至整理、改造、归纳成为契丹大小字的轨迹，以及契丹人创造胡书文字的方法及其在契丹大小

字中的痕迹。亦可看出汉字、胡书、契丹大小字三者之间的源流、承续、嬗变的关系。即汉字是契丹大小字之本源，"胡书"是契丹小字的发端，契丹大字是契丹文字的果实。而契丹小字、女真大小字都是契丹大字的流。

不了解契丹文字的源流是难以准确释读契丹大字的。

篆书契丹异文钱

篆字胡书钱

异文疑似契丹文背龙凤铅钱

未破译契丹文母钱

未破译契丹文钱

有趣的胡书"大泉五十"

　　笔者收藏的胡书"大泉五十"上的钱文是神册五年（920）契丹大字颁行前的早期契丹文字。

　　这枚"大泉五十"钱，直径34.36毫米，穿径6.06毫米，厚2.24毫米，重12.2克。钱文书体为隶书，读序为上左右下。钱文为隶书之半增损笔画而成，并运用了汉字"六书"造字法通过巧妙的构思，把钱文设计成了一幅动态十足飘逸流畅的美

的画面，让观赏者意驰神往流连忘返。钱背是典型的萨满教标志，上星下月（太阳神崇拜），亦是契丹族的族徽。

　　"大泉五十"是契丹人最喜爱的钱币品种之一。自契丹族东汉末年诞生以来，就先后仿铸了各式各样的形态各异的"大泉五十"钱，但无论哪种仿铸的"大泉五十"钱，其趣味性和艺术性均不如这枚胡书"大泉五十"钱。其穿上的"大"

胡书"大泉五十"背日月铜钱

字,是把一横向下弯曲成半圆,把一撇一捺化成两竖,成为一梳子形;穿左的"泉"字,是先把"泉"字大头朝下颠倒,使"白"化作"四"字,保持了早期契丹文"大括号内小括号"的特征,类似"四"字的传统写法,但这里增加了化倒"水"字为四字上祖柱的形象,使穿左右二字获得视觉上的平衡;最有趣的是穿右的"五"字,以一个正在舞蹈的人形,右臂上扬左臂叉腰,右腿后抬,左腿直立,舞姿优美,动作优雅,造成钱体画面的动感,同时舞蹈形体暗寓"舞"的谐音"五"是此字的读音;穿下的"十"字是增加笔画造字的范例,在简单的十的横上加了一横,在一竖下装了一个大脚,使"十"变成一个上出头干钩"于"。如果不了解此字的造字过程,把它译为"十"字是很困难的。

从这枚胡书"大泉五十"上的钱文,可以体会到在整理规范"胡书"基础上颁行的契丹大字的难度。如果不了解"胡书"及其多种造字方法的存在,就不会得到开启契丹大字之门的钥匙,就不会使契丹大字的研究深入下去。

这枚胡书"大泉五十",应是契丹人制造的玩赏钱,不是行用钱。它以独具匠心的设计、异化变形的文字,展示了契丹人的聪颖智慧和审美情趣,以实物证明契丹民族在其早期文明程度已高度发达。

此钱的铸造时间大约在辽太祖在位时的907—915年,因为其背图与"大丹万年"的背图一模一样。"大丹"(头上长角"丹"是胡书"丹")是"大契丹"的简称,而"大契丹"是辽太祖907年建国时的国号,说明此钱必定铸于太祖元年(907)至九年(915)期间,最可能的铸造时间是907年至912年之间。913年,"诸弟之乱"爆发,契丹人不会再有艺术创造的闲情逸志。动乱之后,又忙于恢复建设,百废待兴,也不会把精力花在玩赏钱币上。

"大丹万年"背日月折五型银钱

这种胡书"大泉五十"钱当时铸量不会很多，因为它是供契丹贵族阶层的玩赏钱。经过"诸弟之乱"和千年战火的摧残，遗留在人世间的此种钱也一定很罕见。作为一种展示契丹文明的艺术品，能留到今天实在难能可贵。

胡书"常平两铢"钱考

契丹文"常平两铢"钱是一种极其罕见的钱币，辽太宗"会同通宝"钱最早的收藏者，辽宁省著名钱币收藏家冯毅先生，早在1994年《辽宁金融·钱币专辑》第16、17期合刊就曾以《臆说常平两铢》的专文介绍过"常平两铢"的两个品种：

1992年春从锦州购得，据称为内蒙敖汉出土。直径44毫米，穿径11毫米，厚3.5毫米，重26.1克。生坑，遍体绿锈，青铜质。面文篆书，内郭四决，背光素，品相精美。

1993年春从朝阳购得，据称为内蒙敖汉出土。直径41.2毫米，穿径11.5毫米，厚3.3毫米，重22.6克。出土传世品，青铜质。面文篆书，内郭四决，背铸四小儿做嬉戏图，图案倒置，穿上、穿右两小儿间有一直径约3毫米铸孔。

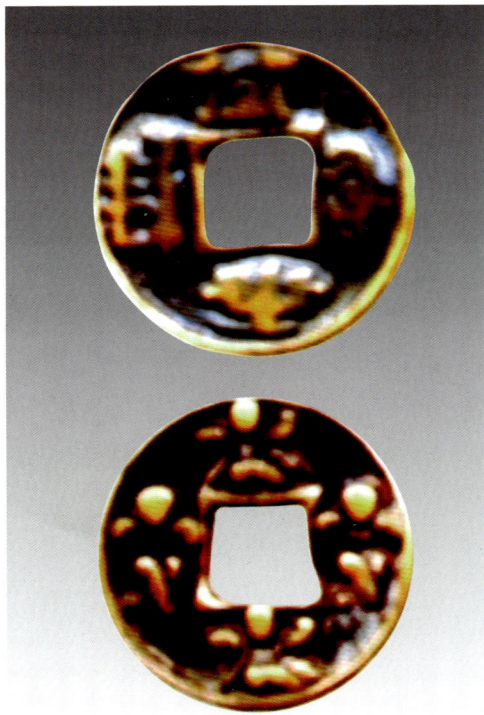

"常平两铢"背正置四小儿嬉戏图铜钱（冯毅藏）

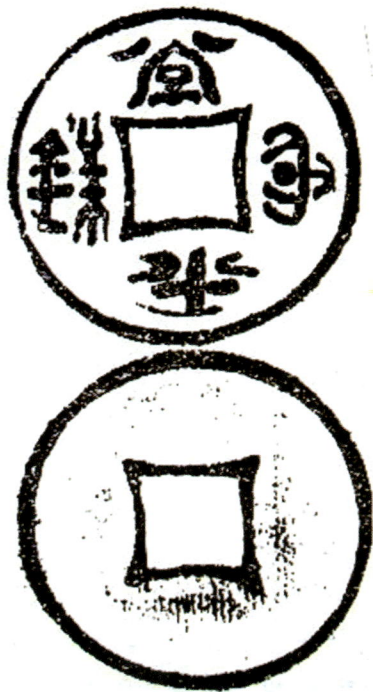

"常平两铢"光背拓图（冯毅藏）

据冯先生讲，这种"常平两铢"钱仅有四枚见于报道：一枚见《辽东泉拓集》第278页拓片，为背铸不倒置四小儿图案钱（现为《中国花钱图典》主编郑轶伟收藏）；一枚为沈阳一位老泉友收藏的光背钱。冯先生的这两枚藏品是四枚钱中的最后两枚。

如今，笔者将自己收藏的两枚"常平两铢"中的一枚公示出来，与上述有较大差异。此钱来自内蒙古通辽地区，为传世品。直径39.3毫米，穿径11.57毫米，厚4.51毫米，重31克。青铜质，形制规整，广穿狭字，背光素，钱文书体比上述钱币更加古奥，造型奇特。

从上述介绍，可知这六枚见诸于世的"常平两铢"钱有三种样式，即冯藏两种（四小儿嬉戏图正倒置为同版，只是因铸造时合错背范造成）和笔者一种。按钱径可依次称之为折十大样、折十正样、折十小样。

冯钱文字和形制与这枚"常平两铢"钱文和形制均有较大差异：冯钱"常平两铢"四字，除"两"字外，其他三字基本可以看出是"常平铢"三字，而我的钱除"平"字可以看出，其他"常两铢"三字非认真揣摩分析，很难一眼看出是"常两铢"三字。特别"两铢"二字，"两"字中下部被一块流铜覆盖，已看不出是"两"字。而"铢"字金旁似乎已铸进缘中，只剩下个"朱"部充数。从四字的字形看，它们与汉字"常平五铢"篆书钱文已相距甚远。冯先生认为它们是契丹字，

"常平两铢"光背铜钱（笔者藏）

是正确的。但须指出的，它们不是契丹大字或小字，而是奠定契丹大小字的基础文字"胡书"。

"胡书"是契丹人在与汉族文化长期接触交往中自创的一种变形的汉字，据《新五代史·契丹传》对"胡书"解释说：

以隶书之半，增损之，作文字数千，以代刻木之约。

《五代会要》卷二十九也记载：

契丹本无文纪，唯刻木为信。汉人陷蕃者以隶书之半，就加增减，撰为胡书。

这里所说"胡书"，指的应是"常平两铢"钱上的文字，而不是在"胡书"基础上整理制定的契丹大字或小字。

冯钱的形制，据他说与"千秋万岁"折十钱相似，即面背均深峻，面背穿郭都四决。根据形制特征，冯先生推测其为辽太祖建国（907）前铸造。阿保机901年被任命为大迭烈府夷离堇（遥辇汗国军队

统帅），903年拜于越，总知军国事。按冯先生推测，最早铸造时间应在901年左右。

笔者钱形制与冯钱差别较大，虽制作同样浑朴，面背均深峻。面郭也四决，但背郭只右下角微决，风格、铜质也极似辽钱，但它近钱径1/3的巨大穿郭却有别于所有辽钱，却与汉晋南北朝两铢钱穿郭极为相似。根据形制决定时代的惯例，推测其首铸时间应不晚于唐实行宝钱制之前，即在北齐铸造"常平五铢"之后，两铢钱仍有效通行这段时期。以后各代陆续改铸、续铸一些另版或民俗钱亦是情理之中的事。联想到辽境内发现的大小和背镌巨星月的"大泉五十"、"通行货泉"、"小泉直一"等契丹铸两铢钱，笔者认为与北齐为邻的契丹人仿铸、改铸一些契丹风格的两铢钱是贸易所需、政治所需，不是不可能的。

在铸主的认定上，我赞同冯先生的

"大丹万年"背日月折五型银钱

意见，即是契丹人铸造。但在铸造时间上，这枚钱和冯钱差异较大。冯先生认为是耶律阿保机建立契丹帝国前铸造，而笔者认为铸期应在北齐"常平五铢"铸行不久（553）至唐推行宝钱制之前（621）。其理由是：

第一，形制离不开特定的时代。大广穿是两铢钱的特征，除非特殊情况，否则决不会在宝钱制时代铸造。

第二，钱制离开产生的时代就丧失了它应有的货币职能，在宝钱制时代再铸两铢钱，除了民俗钱，它因不再具有流通职能（旧钱虽在辽代仍可使用，但只是利用它的金属价值，和法定货币的货币价值肯定不同），肯定无人会背离这条法则去干傻事。

第三，"常平"不是吉语，它的意思是经常、时常平仰、平衡，亦有恒久不变平准之意（见《荀子·天论》"天行有常"），和平安无关，无论北齐的"常平五铢"还是契丹的"常平两铢"都不是吉语钱。

第四，背面有小儿嬉戏图，应是民俗钱，它的铸造年代肯定比行用钱稍晚。千秋万岁钱最早铸于契丹建国前，冯钱与千秋万岁折十钱相近，故铸期定于907年以前是正确的。

第五，此钱钱径比冯钱小却比冯钱重，铸造时间应该比冯钱早，因此更接近北齐铸造"常平五铢"钱时期。冯钱重与北齐一两十分接近（北齐一两＝27.5克《中国度量衡史》），而此钱稍重，按铸钱规律应为早期试铸。

第六，出土地点虽然均在内蒙古即原契丹腹地，但南北朝时距北齐边境很近。

笔者认为，胡书"常平两铢"是契丹最早用变形汉篆胡书铭钱的官铸钱，是证明契丹耶律帝国建国前很早即铸造钱币的实证，是说明契丹大小字是在胡书基础上整理的凭据之一。因其极为罕见，所以其宝贵程度用"大珍"冠之亦不为过。

神秘的契丹祭日神钱

这是一枚北方坑生坑绿锈平钱，整个钱被硬绿覆盖，绿锈中夹杂片片土锈，锈片稍嫌生涩缺乏润泽。锈只有钱文处稍薄，四字有三字能看清形状，一字隐约看出一部分。钱体非常轻薄（厚度只有约不到1毫米）；中缘细郭，背郭稍阔；外郭与背及钱体不平整；文字字口浅；铜质偏红。钱的风格特征近于唐钱。

仔细观察，这应该是一枚汉字加象形图画文字钱，比契丹文字钱更难解读。两个汉字较易辨认，穿上"吉"（仿"太和五铢"背"吉"手法），穿下横"日"（契丹钱中字横写的例证不少），合起就是"吉日"。

契丹文祭日铜钱

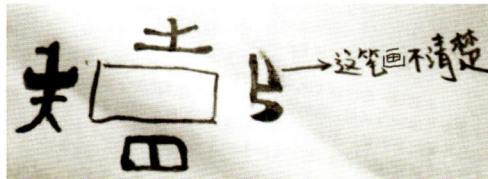

契丹祭日铜钱钱文示意图

两个象形图画文字，穿右为一人向东方（右东）跪拜形象；穿左为一鸟形物下加一大字。"大"字在"胡书"中即"天"字，虽在后来颁行契丹大字时"大"字肩上被加两点八字，成为新的"天"，但变迁的痕迹可寻可见。鸟形物在契丹篆书"千秋万岁"大型背射鬼箭祭祀钱中出现过。据《满族萨满教研究》称：萨满的灵魂出窍时，被绘成异鸟形。灵魂在"迷溜（萨满灵魂出游术）"状态下经过"奥云（萨满专用语，"三旋天"的意思，灵魂三次上天入地的神功）"，被宇宙众神承认接纳，并晓彻神喻，成就人神中介者、神的代言人的身份。鸟下"大"字，应表示灵魂正在天上旋转飞腾。

两个象形图画文字，表示的是契丹"祭日"仪式。《新五代史》卷七十二

《四夷附录》言：

契丹好鬼而贵日，每月朔旦，东向而拜日。

祭日是契丹及信奉萨满教的北方民族最重要的教仪，特别在契丹奉太祖阿保机为太阳神后，祭日也就又成了"祭祖"，固定成为在所有祭仪中必先祭祀的仪式。

这枚两字两图的契丹钱，应是早期契丹萨满教"祭日"的神钱。从钱文和形制分析，其铸造时间应在阿保机建国前到契丹脱离回鹘回归唐朝的会昌二年（842）之间。

"千秋万岁"背射鬼箭图铜钱

"大丹重宝"记载的历史

——"大丹重宝"背阴刻契丹文"宸令宜速"钱考

"大丹重宝"是闻名遐迩的契丹钱币名珍，《古钱大辞典》引袁克文（字寒云）语：

太祖造之"天赞通宝"，世已无存。若其先代所造，古今诸谱则从未经见也。厥曰"大丹"，而制作奇古，必撒剌的元泉无疑，至可宝矣。

"大丹重宝"的铸期，当在耶律阿保机建立契丹帝国之前。但在铸主的认定上，袁寒云认为是"撒剌的元泉"，笔者认为是"阻午可汗开国钱"。"大丹重宝"在遥辇汗国时代，历代可汗都应该曾有续铸，这是使该钱存世至今还较多的根本原因。

除此之外，有必要先了解阴刻文的内容。阴刻的契丹文四字，上下两字在现已发现的契丹小字中可找到相同的字，它们的汉文译意为"宸令"，即"汗（国）王的命令"。左右两字在现有契丹大小字中都不见踪影，但在出土的辽代多种金银符牌上却可以看到，它们应是《辽史·仪卫志·符契》中所说的"银牌上刻以国字，文曰'宜速'"中的"宜速"二字，对照符牌一看就明白。但它们是大字还是小

字，文字学家还在争论，笔者也不想妄下结论。

阴刻契丹文汉字就是"宸令宜速"，意思是："汗（国）王的命令，要以最快的速度去办。"这种阴刻契丹文钱，应是和契丹帝国银牌具有相同用途的"信钱"、"勅走马钱"。虽然用钱币作调兵符契和宣布"勅令"的信符，让人感到匪夷所思，但这确是无可辩驳的事实。契丹帝国时期调兵和传达皇帝勅命有金银牌，应该不会再铸造这种较低级的"信钱"、"勅走马钱"。这种钱币只有在政治和经济状况还较落后的时代——符契制度初创时期才可能存在，而遥辇汗国时期，恰是可能采用这种钱币型"信钱"、"勅走马钱"的时期。

"大丹重宝"光背铜钱

"大丹重宝"背阴刻契丹文"宸令宜速"铜钱

由此，可以推断背阴刻契丹文"宸令宜速"钱应是耶律阿保机建立契丹帝国之前铸造。谁是这种背阴刻契丹文"大丹重宝"钱的铸主呢？从契丹族历史和阴刻契丹文的内容看，应是唐会昌二年（842），从奉回鹘转奉唐朝的耶澜可汗遥辇屈戍。因为阻午可汗建国不久，就和唐朝连续大战两次，失败后投了回鹘汗国，而且这一投就是一百多年。这期间，几代遥辇可汗在回鹘汗国的卵翼下，不大可能去铸阴刻文钱。因为他们基本不能随意调拨军队，宗主国回鹘也不会同意契丹随意调动军队。

842年，遥辇汗国重新归附唐朝后，政治环境已和百年前发生了极大变化。唐朝内部斗争已使它无暇顾及周边国家事

"大丹重宝"背阴刻契丹文"宸令宜速"金钱

务，也没有能力干涉周围各民族之间的兼并战争。趁此机会，契丹得到了无羁伴的爆炸式发展，可以肆无忌惮地向周边各族发动战争，劫掠人口、财物，吞并土地，扩张疆域。军队不断扩大，军用物资调运更加频繁，对调动军队传达王信的符契需要量骤增。

在此情况下，在契丹尚不够绝对强大，周边强悍民族随时可以袭击契丹的时期，耶澜可汗选择了这种小巧、极其方便的钱币作为符契的载体，阴刻上符契独有的文字，作为可汗调兵符契和宣布"勅令"的信符。因为此种钱币型"信钱"、"勅走马钱"用量较大，采用了在钱背上刀刻阴文后，再用这种刀刻阴文钱作模翻铸新钱，这从数十枚钱阴刻文字一模一样、笔画一丝不差可以清楚看出。

为什么选用"大丹重宝"作为"信钱"的载体呢？其原因大致有两种：一是该钱相当于国号钱，符契因此即具有了国家权威；二是该钱是契丹可汗开国钱，是契丹人眼中的圣物，神圣不可侵犯；三是该钱是国家重宝，与符契重要性相似。

"大丹重宝"光背银钱

这种"大丹重宝"背阴刻契丹文"宸令宜速"钱，与后来的契丹帝国的"皇令宜速"符牌有金银铜不同材质一样，也有金银铜三种材质。材质不同大约是依"宸令"等级高低不同而定，功能也应有所不相同。这种钱的铸造，是契丹民族聪明才智的结晶，是对中国钱币、符牌制度的创新和贡献。也是契丹帝国建立前早已铸钱的又一例证。

"大丹重宝"背阴刻契丹文"宸令宜速"钱的颁行，催生了遥辇汗国行用钱"通行泉货"的诞生，为契丹进一步向封建中央集权制帝国的转变铺平了道路。因其独特的符契作用，必然铸量稀少，使它在契丹名珍"大丹重宝"钱中脱颖而出，成为珍中之珍，受到更多辽钱爱好者的热捧。

契丹祭祀文字在辽元钱币上的痕迹

——"大元国宝"背契丹文"至大"钱考

骆驼形下连凸字形两层台状符牌

元代"大元国宝"背"至大"钱，是一种人人知晓的珍品钱。然而对其背文的确认，都只是觉得两个字像"至大"，且又是元武宗至大年间所铸，因而确定是"至大"二字。不过，笔者认为这两个字的写法不像汉字的篆法。遍查《中国篆书大辞典》《说文解字》，也不见此种写法，只是在《战国金文辞典》鸟虫篆中见有类似的字体。

一种蒙古人铸造的庆典钱上怎么会铭刻战国鸟虫篆呢？令人百思不得其解。

2002年9月22日，吉林省榆树市延河朝鲜族自治乡太平川村出土的75枚异文钱中，三种十枚钱币的钱文疑为契丹文，和"至大"二字神韵风格非常相似。看到上面怪异的文字，脑子里忽然闪过一个念头："至大"钱有没可能是契丹文？查看了凡是能见到的篆书体的契丹字，虽然有些字相似，但因都是石刻文字，书写风格还是大相径庭。直到在"富邦钱币论坛"看到一枚辽代"保宁通宝"背"至大"钱后，对两个字才算有了初步的了解。

2010年6月22日，在北京召开的"首届契丹文明密码文化研讨会"上，沈阳著名符牌钱币收藏家邵华伟先生宣读了一篇题为《辽金元清北方民族四朝符牌初探》

的论文，在"举例破解"一节中，邵先生对一枚顶部为骆驼形下连凸字形两层台状符牌中部小凸台上一个类似"大元国宝"背"至大"钱的"大"字的解读，引起笔者极大的兴趣。

邵先生说："这个字搞钱币收藏的藏友们也许并不陌生，因为它出现在元代大元国宝花钱的后面，华光普《中国古钱大集》将其解读为'大'字。那么这个'大'字是什么文字呢？可否是契丹大字呢？"经过查找和比对后，邵得出结论："'大'字的这样写法无论是从《金文》还是《甲骨文》及《六书通》等有关资料里，根本就没有过这样的写法。"邵华伟突发奇想，能不能通过查找"至"字来寻求"大"字的答案呢？最后终于在《六书通》找到了"大元国宝"背"至大"钱"至"字的写法，它源于元代以前北方民族创造出的变形体汉字。"至"字源于北方民族创造出的变形体汉字，自然

"保宁通宝"背"至大"铜钱

"大"字也源于北方民族创造出的变形体汉字了。

这里，邵华伟先生虽然没有明言钱和符牌上"至大"二字，是哪个民族创造出的何种变形体汉字？但联想他讲演中"可否是契丹大字"的命题，认定"至大"二字是契丹族创造出的变形体汉字的答案，已不言自明，人人皆知了。

总之，这两个字可以肯定绝不是汉字，字形像梵文又像契丹大字，如果梵文中寻找不到这两个字，那应该是契丹大字，而且是契丹大字整理颁行前的契丹字，即五代人所谓的"胡书"。"至"字像萨满教祭祀仪的祭坛和露台，《辽史·礼志》载有"柴册仪"之坛：

坛之制，厚积薪，以木为三级坛，置其上。席百尺，龙文方茵。

《辽史·礼志》亦载有"露台"：

拜日仪：皇帝升露台，设褥，向日再拜，上香。

在"告庙仪"、"谒庙仪"等祭祀仪上都有"升露台，设褥位"的描述。"大"字就像一个人伸开双臂向天呼喊，裆和两臂下三个长点似乎告诉我们，这个人是从座位上站起的。

从"至大"两个字的形象上看，印证于契丹祭祀礼仪应是丝丝入扣，入情入理，这些契丹文字可能都是其专用于萨满教"祭天"、"祭山"、"祭祖"等祭祀活动的专用祭祀文字，所展示的就是：一个首领在祭坛或露台上向天帝告诉、乞求护佑的情景。从"至大"二字所表现的情

"大元国宝"背"至大"铜钱

景推断，"保宁通宝"和"大元国宝"两枚钱都应是祭祀礼仪用钱。元钱为什么用契丹文祭祀用字？这是因为蒙古族、契丹族都信仰萨满教。据考证，契丹族和蒙古族都是从鲜卑族分化出来，文化同祖同根。

至于是元"大元国宝"仿辽"保宁通宝"钱背文，还是因文化同根而都取用同一种祭祀文字作背文？而这两个字又恰巧与武宗年号"至大"汉文篆书相似，从而造成历史谜案，现在都已不大重要。重要的是我们知道了这两个字取自契丹祭祀文

契丹祭祀文当十铜雕母

契丹祭祀文当五铜雕母

字，不管它字义是不是"至大"，所表现出的蒙古与契丹在宗教信仰、文化上密不可分的关系，才是价值所在。

神奇的羊骨形钱币

——"嘎啦哈"形契丹文"万贴泉货"贴字钱考

1999年黑龙江省克东县宝泉镇一农民，发现了一枚貌似羊距骨的小铜饼，经一位钱币爱好者辨认，认为小铜饼上的四个字应为"万贴货泉"。后经杨若龄、唐友钦、刘晓东共同撰文并摄影，将此发现发表于《中国钱币》2002年1期。同年，《内蒙古金融研究·钱币专刊》2002年1期，也在《说辽钱》（署名于颖辉）文章中发表了"万贴泉货"的拓片和作者对该物的简单看法。

杨若龄等人的目的主要在于公布此项发现，但并未作深入研究，只是认为"万贴货泉"可能与钱币有关。"万贴货泉"中的"万"、"泉"二字，可能是契丹大字。

不仅文字风格与常见辽钱神似，而且与辽代行文制度吻合。

于颖辉的看法直截了当，认为"万贴货泉""是目前所见辽代巡贴钱中唯一一枚非方孔钱"，"应系辽代钱币无疑，该发现为辽代巡贴钱又增加了一个新品种"。

笔者同意上述两文章的观点，并做进一步剖析考证，以期抛砖引玉，使这一发现得到更合理的说法。

"万贴泉货"银锭形钱

首先，要分析和研究的是，该钱形制为什么铸成奇异的羊距骨形？

羊距骨俗称"嘎拉哈"，是羊腿关节中的一块骨头。东北游牧的满族常以此做游戏，称为"欻嘎拉哈"，估计由古代鲜卑人、契丹人发明（沈阳出版社《辽金生活掠影》）。由此看来，羊距骨形是契丹等民族最熟悉的一种形状，而这种形状又与当时辽代银铤相似，而白银是契丹地区和布帛一样最流行的货币。为了博得偏僻地区契丹人的信任和认知，所以把"万贴货泉"铸成了和羊距骨形相似的辽代银铤形。也可以推知，在契丹早期边远的契丹

"嘎拉哈"型"丹贴一百"钱顶部

"嘎拉哈"型"丹贴一百"钱底部

族地区很少使用方孔圆形铜钱，习惯流通的主要是实物（牛羊、布帛、粮草）和金银进行交易。这恐怕也是辽早期铜钱铸造稀少的原因之一。

其次，要确认的是"万贴货泉"的正确读法。杨、于两人都把其读作"万贴货泉"，即把其四字看作两行，按上下读完一行，再继续按上下读二行。笔者认为其读法仍应按辽钱习惯读法右旋读释读，即按上下下上，读作"万贴泉货"。因为辽早期和中原五代时期，当时人们习惯把钱币称作"泉货"，契丹早期铸有"通行泉货"就是明证。如无错的话，从其与"通行泉货"的"泉货"同名可以推断其铸期也应在辽太祖建年号神册之前，即"通行泉货"已在契丹地区流通数年，或更长时间，估计在耶律阿保机任迭剌部夷离堇的公元901年至神册元年（916）之间。

第三，该钱铭文四字都应是早期契丹文。因为神册五年（920）契丹大字整理颁布之前，契丹地区就已经出现契丹大字的雏形文字，即当时的所谓"俚俗字"，也即是以隶书汉字增损之的契丹字。神册五年，辽太祖只不过是把当时流行于契丹地区的所谓契丹字（俚俗字）整理规范颁布之而已。此前不但使用了这些所谓的契丹字，而且用这种契丹字铸造了一些钱币，如"天朝万岁"、"千秋万岁"、"大泉五铢"等。

由于当时没有规范，这些未经整理的契丹字写法和借用汉字的随意性较强，与神册五年后经过整理的契丹大字相比并不完全相同，更是"辽汉参用"，稚嫩无规，早期有些过分随意而易被误读的字被经整理后的契丹大字所废弃。"万贴泉货"中的"贴"、"货"二字，应是早期契丹字中直接借用的简化的汉字，其音义大约也与汉字相同。因为"贴"、"货"在当时都是专用名词，契丹字（俚俗字）

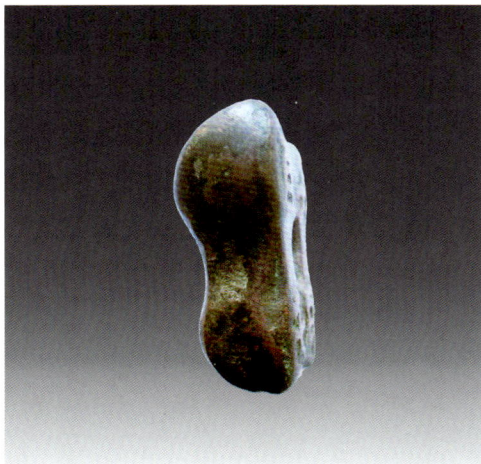

"嘎拉哈"型"丹贴一百"钱左侧

"嘎拉哈"型"丹贴一百"钱右侧

中无有与其对应的文字，所以只能直接借用。既是借用，尽管音义与汉字相同，但四字联在一起时读音却一定和汉语不同。钱文汉字已不是一般汉字，而是变了性质的契丹字。

第四，对"贴"字应该认真研究。"贴"字至今仍被一些人认定即是"钱"字的代称，但不是钱名。其实这种看法是错误的。因为我们已知道该钱名为"泉

货"，而"贴"就应是币值单位，"万"是币值单位数量词。为什么不直接称"钱"，而称"贴"。这是因为当时流通环境使然。前面我已说过，辽代当时特别是偏僻地区，很少用方孔圆形铜钱，多使用实物货币和银两币。而为了补贴贫困地区军民生活，平衡地方经济，只能采取这种用铜铸造一些与实物货币、银两币交换的官方凭证的方法，来赏赐给当地军民及部族首领。让他们凭此贴到中央或地方政府领取相应数额的粮食、布帛或牛羊、银两。

这里"贴"的本义是："以物为质也。""贴"钱（泉货）本身就具有一定价值，更具有官方赋予的物质的交换功能。所以，"万贴泉货"的"贴"是指凭证，而不是指货币的"钱"。近代货币的官帖和私帖（贴与帖通），正是延续了辽代"贴"钱的本义，它们都是作为兑换铜钱的凭证而出现的，并不能认为"贴"就

"嘎拉哈"型"丹贴一百"钱面

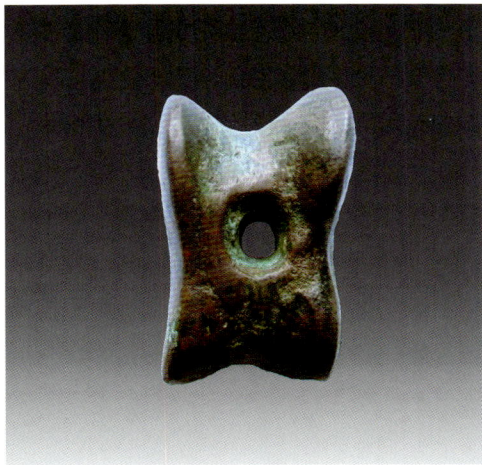

"嘎拉哈"型"丹贴一百"钱背

是"钱","贴"和"钱"是有区别的，和后来的纸币更有本质的区别。"贴"钱和唐的"飞钱"、宋的"交子"类似，它们都是后代纸币的滥觞之源。只不过一个是铜铸，一个是纸制而已。至于一贴钱价值多少，辽政府有规定，它可能是一斗粟、一尺布，也可能是一头羊、一匹马，甚至可能是一捆草，可能根据当地需要一次一地确定。

第五，"万贴泉货"和"巡贴钱"的关系。正像于颖辉先生所说"'万贴泉货'是辽代巡贴钱中唯一一枚非圆形方孔钱"，为辽代"巡贴钱"又增加了一个新品种。因为它是为契丹族聚居地区而特铸的契丹文"巡贴钱"。再则，这种钱钱名不用"巡宝"、"巡贴"，用他们已经熟悉的"泉货"，而且采用契丹地区老少咸知的羊距骨形银铤，可谓用心良苦。还巧妙地用币值单位"贴"，把它和巡贴钱有机地联在了一起，成为全套巡贴钱币不可

分割的一员。总之，它是巡贴钱中为契丹地区精心设计的一枚官方铸币。

第六，"万贴泉货"发现的意义。除了为巡贴钱增加了一个新品种外，更重要的是证实了整套巡贴钱确为契丹人铸造，铸期与"通行泉货"相当或稍晚，即辽太祖任迭剌部夷离堇至建元神册之间，证实了辽太祖自掌握政权伊始，即实行了"以国制治契丹，以汉制待汉人"的政策。反映在钱币政策上，即在汉人聚居地区无限制地使用各国货币并流通铸造本朝汉文钱币，在契丹族等经济落后地区实行贴补政策，用"巡贴钱"赏赐方式，发放牛、羊、布帛、粮草和银两等实物，平衡与汉族地区相比相对落后的经济，用发行少量的契丹文钱的方法促进契丹地区货币经济的发展。

"万贴泉货"的发现，也为最终解开巡贴钱之谜提供了一把钥匙和一种新思路——即可从该套巡贴钱是由分别对汉人

契丹圆形方孔"巡贴千宝"铜钱

地区和对契丹地区军民进行赏赐的两等两套钱的角度重新认识巡贴钱，相信一定会有意外收获。

"万贴泉货"的发现，同时也证明了契丹铸钱史的悠长，再次驳斥了契丹铸钱上限不会早于天禄的谬论。它也证明了契丹铸钱不拘一格，敢于因地制宜，结合实际，创造钱币的智慧和勇气。嘎拉哈形"贴"字钱因对于破解方孔圆形"贴"字钱具有不可替代的特殊作用，因而凝结了重要的历史价值。更因其展现了早期契丹文字的存在形态，而蕴含了深厚的考古价值。

嘎拉哈形"贴"字钱因其独特的造型在中国钱币史留下了光辉足迹，成为中国钱币百花园中一朵奇葩，永远散发着契丹文明的异香。

契丹文珍稀钱币

契丹帝国建立后

辽太祖时期

珍贵的契丹开国纪念币

——契丹文"天朝万岁"钱考

契丹文"天朝万岁"钱是中国历史上第一套以少数民族文字作为钱文的国家正用钱币，也是中国钱币史上第一套少数民族文字开国纪念流通钱币，还是中国钱币史上第一套以朝号为钱文的行用钱币。

契丹文"天朝万岁"，1977年5月发现于辽上京遗址（今内蒙古自治区巴林左旗林东镇南），是一枚折十型银钱。1981年秋，刘凤翥、王晴两位学者首次把钱文译为"天朝万顺"，后钱币学家卫月望根据"千秋万岁"中的"岁"字反写形状与"顺"字相似，故建议将"天朝万顺"改称"天朝万岁"。由于"天朝万岁"符合

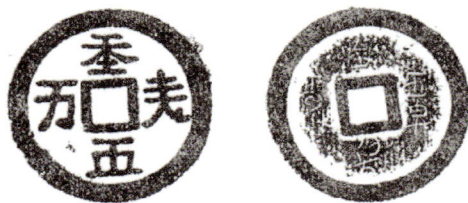

契丹文"天朝万岁"折十型银钱拓图

古代民众对尊崇事物祈祝词语的使用习惯，读起来顺口易懂，更因为它本身具有的与"万岁三钱"的亲和力，"天朝万岁"逐渐被大多数人所接受，"天朝万顺"被人们淡忘了。

"天朝万岁"折十银钱的发现，在钱币界、契丹史学界引起了极大震动。自20世纪80年代开始，截至2010年6月初，国内外经济、钱币、史学书报刊，已发表了上百篇专门研讨"天朝万岁"钱的文章，

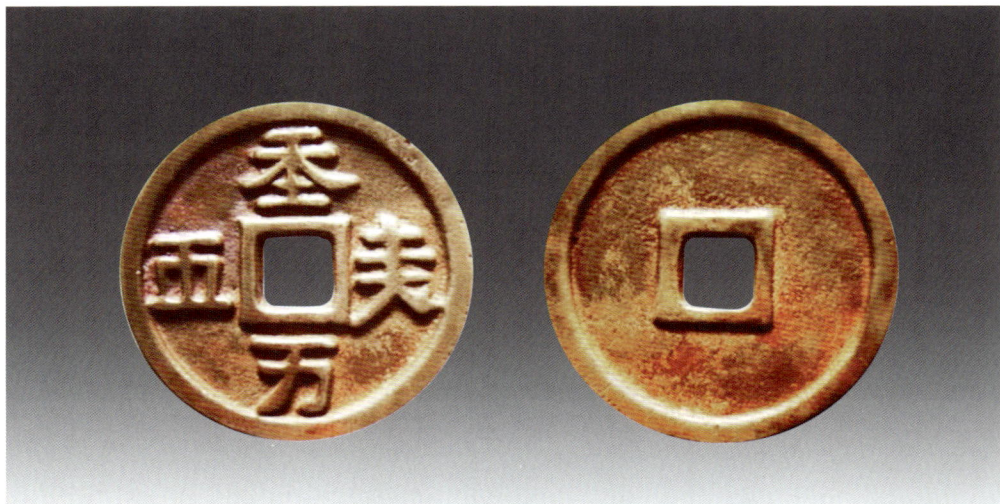

契丹文"天朝万岁"折十型铜钱

契丹文"天朝万岁"小平金钱

契丹文"天朝万岁"小平铜钱

对其铸期、铸主、用途、形制、钱文、契丹文等方面都进行了许多有益的探讨，并取得了一定成果。

民国以来，原契丹故地出现了大量的传世或出土的契丹文或异文钱币，如"小泉直一"、"大泉五十"、"大泉五铢"、"万贴泉货"、"开元（通）宝"等，都证实远在契丹遥辇汗国时期，契丹人生活的地域就存在一种契丹人耳熟能详、会认会用的文字。这种文字应该就是《五代会要》卷二十九所记"契丹本无文纪，唯刻木为信，汉人陷蕃者以隶书之半，就加增减，撰为胡书"的"胡书"，而这种"胡书"即是阿保机神册五年制契丹大字的基础，也就是早期的契丹大字。据信，契丹文"天朝万岁"钱、契丹文"千秋万岁"钱，以及在原契丹故地传世和出土的许多契丹文或异文钱币"小泉直一"、"大泉五十"、"大泉五铢"、"万贴泉货"、"开元（通）宝"等钱的钱文，都是早期的契丹大字，即所谓的"胡书"书写。

这个结论对诠释某些契丹语译为汉语词，如"契丹"，或某个契丹大字，如"天朝万岁"钱文的"天"（上天下土）字的用法，都有很大帮助。因为"契丹"汉语词译自早期契丹语，当它从"胡书"又变成汉文词语时，因词序和多音节的差异，其结构和词义都会和原契丹语不同。契丹语中的"契丹"和汉字名词的"契丹"并不等同。契丹语中的"契丹"可能是个不可分割的单词，而汉字名词的"契丹"却是个实实在在的偏正结构的复合词。

契丹文"天朝万岁"钱文的"天"（上天下土）字是"胡书"（未经整理的

契丹文"天朝万岁"背单龙折二型铜钱

早期契丹大字）而不是阿保机制的契丹大字。胡书"天"字和大字"天"字，不仅字形不同，含义和结构也不相同。大字"天"（大上加八）字，仅是个单音字，字义也仅是"地面以上的高空"而已。而胡书"天"字，却是个多音节字，字义也是两个，即使用时有时表示萨满教天庭（天朝）——日月之神居住的地方；有时仅表示汉文普通之"天"义。阿保机"天朝万岁"钱文的"天"却包含有这两种语义：它既可以表示普通"天"义和"朝"字组成"天朝"这一朝号。本身又表示契丹天朝是日（皇族）月（后族）两族共同统治的朝廷。"天朝万岁"钱文的"天"（上天下土）字，虽被保留在重新颁行的契丹大字之中，但很少被当作普通"天"字使用，多用在辽帝尊号或年号前。用在皇帝尊号前是取普通"天"义（当然这个"天"与大字中的"大上八"的天、"天下一竖一横"的天字含义肯定不同），而用在年号前就是"天朝"（日（皇族）月（后族）两族共同统治的朝廷）之义了。

耶律阿保机在建国时能大胆地用"胡书"铸造开国纪念流通币，并把"胡书"字义加以发展改造，为自己的政治目的服务，说明了他对本民族文字的重视和他所独具的高瞻远瞩、睿智深邃的政治目光。契丹文"天朝万岁"钱，是契丹人团结在"天朝"（日神阿保机、月神述律平）周围的宣言，是"天朝"（皇族和后族）赋予耶律氏和萧氏两

契丹文"天朝万岁"折五型铜钱

契丹文"天朝万岁"当万型铜钱

契丹文"天朝万岁"折三型金钱

族子孙统治契丹的勅命书，是号召全体契丹国人（契丹族、奚族、汉族等所有各民族的人）共同把大契丹国真正建设成政治、经济、军事实力都可以傲视群国的"天朝"的誓词。

"天朝万岁"钱制作精良，形制规整，风格粗犷。材质有金、银、铜三种，同模齐铸。铜钱主要用于流通，金、银钱用于与西方贸易和赏赐。钱文为楷隶体相间的契丹文，有右旋读、左旋读、升读等多种读序，显示了契丹早期钱制未完备时特有的疏放自由、不拘一格的神韵。"天朝万岁"钱，目前发现了六个等级的铜钱：小平，径24－25.5毫米，重3－4克（笔者数十年只见到1枚，存世量应不超5枚）；折二，径27－28.5毫米，重6－9克（内蒙古发现并在《内蒙古金融钱币专辑》公布两枚，存世量应不超5枚）；折三，径29－32毫米，重9－15克（存世稍多，在10－20枚间）；折五，径33－38毫米，重12－29克（存世较多，在20－50枚间）；折十，径38－44毫米，重19－35克（存世最多，存世量约在数百枚间）；特大型（当千？当万？），径60－62毫米，重70－90克（存世稀少，10枚左右）。当十银钱发现最多，真品存世仅约30枚左右（伪品数倍真钱，充斥于市，越造越精，几乎乱真）；金钱发现小平、折二、折十各一枚。

"天朝万岁"钱，作为开国纪念流通币铸额本就稀少，经千年沧海桑田，能传流至今者，实为珍品中的珍品。

究竟是契丹大字还是契丹小字

——契丹文"天朝万岁"背阴刻小字银钱考释

钱币界赫赫有名的契丹文"天朝万岁"银钱自问世以来，特别在契丹大字钱文被破译以后，人们始终对钱背所刻阴文没得到合理可信的破译而感

契丹文"天朝万岁"折十铜钱（拍卖品）

契丹文"天朝万岁"折十铜钱（拍卖品）

到遗憾。

钱背阴刻的八个契丹字，迄今只见成增耀从汉字结构的角度做过解读：

既于酒家，银光高盛。（成增耀《契丹钱币天朝万岁释读疑点再探》，《内蒙古金融》1988年钱币专刊）。

文末附卫月望先生按语"成文可备一格"。

由于契丹文字研究界的专家们一开始就陷入自己事先设下的误区：

背面有八个阴文契丹大字，每两个字一组，是后刻的。（刘凤翥、王晴《辽上京出土契丹大字银币》，载《文物》1981年第10期）

因此，至今没有释读出一个字。

其实，被一些人认定的"八个阴文契丹大字"，并不是"契丹大字"，而是"契丹小字"。如果"契丹小字"被当作"契丹大字"来解读，怎么会得出正确结果？当然，事情并不像说的这么简单，钱上阴刻的"契丹小字"并不是普通规范的常见的"契丹小字"，而是类似汉字草书连写体"契丹小字"。

认定其为"契丹小字"，有何根据？说出来许多人肯定不会相信，拆出的八个"契丹小字"都存在于专家们释读过的文字之中，并且都是最普通的常用字。释读的关键不在于"释"而在于"拆"，只要把连写在四组的八个"契丹小字"正确拆出，释读就不在话下。

穿上的两个契丹小字叠加在一起，你中有我我中有你，硬切成两个字，就不成其字了。只有把穿插在互相肢体中的笔画细心择出，才能完整地拆出两个契丹小字。拆出的契丹小字，大多数人都会脱口说出它们的译意："天地"。同

契丹文"天朝万岁"折十银钱（内蒙古巴林左旗博物馆藏）

契丹文"天朝万岁"折十银钱拓图

样情况同样拆解方法，穿下的两个契丹小字拆出后，释为"契丹"；穿右的两个契丹小字拆出后，释为"万行"；穿左的两个契丹小字拆出后，释为"永顺"。八个字依次成为上下各四个字的祈祝语："天地契丹，万行永顺"。

这里需要指出的是，这里说的阴刻契丹小字是创制早期的尚未进行规范的或不规范的契丹小字。比如，穿右的"万行"二字中的"万"字仍承袭契丹大字的"万"字，就是例证。这说明在契丹小字制成后的很长一段时间里，在契丹大小字同时行使时，时有大小字混用的现象发生，特别是在小字中掺杂大字的情况应比较普遍。相信在辽兴宗时曾对契丹大小字的书写进行过一次严肃的规范，因为辽兴宗后的小字文献已无混用现象。

"天地契丹，万行永顺"，这是一条祈祝语，意思是："天神地祇造就的契丹国，就如同天地一样万世千秋运行永远顺利顺遂。"大家都知道，契丹族自称是白马天神和青牛仙女生育繁衍的"天神裔族"，"契丹"一词的本义就是"天族"。所以，契丹国的皇帝都称"天皇帝"，皇后都称"地皇后"。意思是皇族即天神族，后族即地祇族。天神族和地祇族建立的朝廷自然是"天朝"了。祝语中的"天地契丹"实指皇帝族和皇后族共建的契丹国。

契丹文"天朝万岁"折十铜钱

"天朝万岁"镏金铜钱（拍卖品）

钱币学家戴志强先生曾指出：

刻有阴文的钱币大都是祭祀用钱。（《中国钱币收藏鉴赏全集》上海古籍出版社2009年4月第1版）

契丹部分阴刻文钱币亦证实了这一论断的正确。

这枚契丹文"天朝万岁"银钱，原本是耶律阿保机907年登基始称天皇帝、建立"天朝"（汉译"大契丹国"）时所铸开国纪念流通币，而背刻阴文应是在迭剌创制契丹小字后不久的一次国家祭祀时所刻。迭剌创制契丹小字，据专家推断是在天赞四年（925）。查《辽史·太祖纪》，天赞四年（925），"夏四月癸酉，回鹘乌母主可汗遣使贡谢"。如在这时迭剌"相从二句，能习其言与书，因制契丹小字，数少而该贯"。（《辽史·皇子表》）最快也要三至五个月制成契丹小字。

天赞四年（925）是契丹历史上的重要一年，是阿保机践行两年前神诏，准备攻打世仇渤海国的准备之年。这年十二月乙亥（距迭剌随回鹘使学习，后制契丹小字时间仅七个月）阿保机下诏曰：

所谓两事，一事已毕，惟渤海世仇未雪，岂宜安驻！

乃举兵亲征渤海。紧接着有两个大型的国家祭祀，一是"闰月壬辰，祠木叶山"，祭祖；二是"壬寅，以青牛白马祭天地于乌山。"据信为这两个大型祭祀，阿保机命迭剌等参与制契丹小字之人，阴刻"天地契丹，万行永顺"祈祝语于契丹文"天朝万岁"开国流通纪念币钱背之上，使祈祝语和钱文相互呼应，相得益彰。

这个推测，应该是正确的、对阴文"天地契丹，万行永顺"祈祝语镌刻时间的推断。因为第二年天显元年（926）征渤海返回途中阿保机升天，契丹陷入帝位之争一年多，再没有机会祈祝"天地契丹，万行永顺"。后来祭祀，太宗就用自己铸造的年号钱和"千秋万岁"钱了。所以，契丹文"天朝万岁"钱背刻阴文契丹小字"天地契丹，万行永顺"进行国家大型祭祀的机会只有这一次。钱上阴文契丹小字的不成熟不完美也正反映了这个特定时间段契丹小字的特点。

传世所见契丹文"天朝万岁"背刻阴文契丹小字"天地契丹，万行永顺"钱，有两种版别。一种是内蒙古巴林左旗博物馆所藏银币版，一种是传世稍多，见金、银、铜同模三铸版，两版差别在于穿左阴文：一为类似"高"字下有一山，一为仅有类似"高"一个字。这说明当时刻写人有两个，由于对新制成的契丹小字理解不同，所以在刻写同一字草体时出现两种写法。两种写法译意在当时应无大的差别，如以规范后的契丹小字衡量，无山的两个契丹小字译意应为"永世"，有山的两个契小字译意应为"永顺"，区别不大。

笔者对契丹文"天朝万岁"背刻阴文契丹小字"天地契丹，万行永顺"钱的释读是在历代契丹文字学家们研究成果的基础上，顺其自然而做出的释读，释读结果不一定准确，欢迎专家批评指正。

契丹的"一国两制"
——契丹文"皇帝万岁"钱及钱树考

2010年令人震撼的是契丹文"皇帝万岁"金钱的发现。该钱是折十大钱，成色很高的黄金铸成，工艺精湛，书法优美，形制工整，达到了中国钱币铸造的峰巅。此外，还发现了一株美轮美奂的契丹文"皇帝万岁"金钱树，更是弥足珍贵。

契丹文"皇帝万岁"折十型金钱

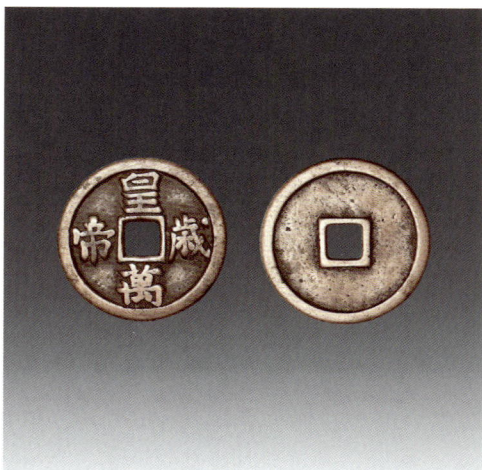

汉文"皇帝万岁"大型宫钱

契丹文"皇帝万岁"折十型金钱径43.47毫米，穿7.92毫米，厚3.19毫米，重36.1克。

契丹文"皇帝万岁"折十型金钱树通高198毫米，上宽99.6毫米，下宽97.05毫米，梗上宽10.65毫米，梗下宽12.11毫米，梗厚4.43毫米。单个钱径44.42毫米，穿6.9毫米，厚3.49毫米。钱树总重324.3克。

辽代设置南面官和北面官双轨官制，以"本族之制治契丹，以汉制待汉人"。北面官北院大王治宫帐、部族、属国之政，南面官南院大王治汉人州县、租赋、军马之事，因俗而治。这种藩汉分制制度，也被称为"一国两制"。

那么，在这种政治制度下，是否颁行汉文、契丹文两种文字的货币作为流通货币呢？

以前，钱币界曾有"契丹文不可能用作流通钱币文字"的说法，给笔者造成了很大的误导，迟迟地对自己收集到的契丹文"天朝万岁"小平、折二、折三、折五至当百、当千、当万等八等级钱是否是流通钱币一直不敢断定。直到2006年，我收集到契丹文、汉文两种文字的"千秋万岁"与汉文"皇帝万岁"全套八等钱，才确认契丹人在钱币铸造领域也是实行"一国两制"。

当年，笔者撰写《万岁三钱庆建国，举世无双有良谋》，以钱币实物论证了天皇帝以两种文字打造"一国两制"的史实，揭示了耶律阿保机决心建立一种以汉族传统文化为血液、契丹及北方民族文化为筋骨的雄心壮志。文章发表后，受到了钱币界的重视。2008年，受邀参加了香港国际花钱研讨会，向各国各地区钱币专家宣读了该论文，预言契丹文"天朝万岁"钱一定铸有相对应的汉文钱，汉文"皇帝万岁"钱也一定铸有相对应的契丹文钱。

两年过去了，和契丹文"天朝万岁"钱相对应的汉文"大丹万年"（"丹"上撇捺）钱发现了，契丹文"皇帝万岁"钱也面世了，预言成为现实，天皇帝耶律阿保机坚决贯彻"一国两制"的决心在他铸的"万岁三钱"中得到了再次验证。

汉文"皇帝万岁"折三型金钱径33.44毫米，穿4.40毫米，厚4.91毫米，重33.6克；汉文"皇帝万岁"特大型金钱径52.45毫米，穿9.61毫米，厚3.89毫米，重106.3克。

笔者在论文中曾说过："皇帝万岁"的颁行是"世选制"结束、中央集权专制

汉文"皇帝万岁"折三型金钱

汉文"皇帝万岁"当百型金钱

时，作为大契丹皇帝的耶律阿保机和中原汉族地区的皇帝存在本质的差别：中原汉族皇帝不用喊自己"万岁"，因此没有自己铸造"皇帝万岁"钱币的情况，因为喊"皇帝万岁"是臣民对君王应尽的义务。而此时的契丹皇帝阿保机却没有汉族皇帝那种与生俱来的优越感。

在契丹，除自己的衷心部下能竭诚向阿保机喊出"皇帝万岁"外，其他所有人，包括他赖以发家的"迭刺部"族人，都对他的"皇帝"称号不予理解甚至反感，不但不希望阿保机"万岁"甚至盼他立即下台。为了和五百多年的"世选制"决裂，把有利于民族国家发展的"世袭制"推展开来，阿保机只好和心腹部下把"世袭制"的核心——代表集权制的"皇帝万岁"喊得震天响。以利用"皇权神授"的"天命观"击退"世选制"旧势力

制度开始实行的结果，更是向皇族十帐发出的带有规劝意味的劝诫书，明确告知皇帝宝座的传承（世袭制）是皇帝的家事，十帐皇族们不要有什么非分之想。

有人认为"皇帝万岁"是"厌胜钱"，这是错误的。铸造"皇帝万岁"

契丹文"皇帝万岁"折十型金钱树

的进攻。特殊的历史环境，产生特殊的历史现象。只有在907年前后这个特殊的历史时期，才能产生"皇帝万岁"这样特殊的钱币，这是历史的偶然，也是历史的必然。了解这段历史的人，就不会说"万岁三钱"是厌胜钱。

近几年对契丹历史的研究取得了长足的进步，已经证明契丹文明是汉化程度相当高的草原文明，其文明程度之高完全出乎现代人们的想象，一个强盛无比的新契丹形象正一点一点显现出来，"一国两制"在文明发展过程中的作用也越来越多被契丹史研究专家所肯定。契丹文已被证明是当时已广泛流行的文字，并被应用到流通货币上。契丹人之所以把契丹文和汉文视为平等的"国字"，并推广到包括钱币在内的所有领域，并不是想表示两种文字谁高谁低，而是造就一种各族平等的包容兼蓄的文化。今天所展示的契丹文、汉文"皇帝万岁"钱和钱树，是证明天皇帝耶律阿保机以"万岁三钱"贯彻落实"一国两制"国策的实物凭证。

契丹皇帝的恋龙情结

——契丹文"千秋万岁"背单龙戏珠钱考

中国历代皇帝都把自己作为龙的后代，认为自己是龙子龙孙，是真龙天子，目的是说自己承继大统是顺天行事。但这种做法与契丹皇帝的恋龙情结相比，那可就不值得一提了。

契丹银镶金龙纹皮囊壶

契丹皇帝对龙之所以深深崇拜，原因有三：

一是龙在萨满教中地位至高无上。它是唯一能够沟通陆海、天地之间联系的大神，是创世大神（天帝）的卫士，具有开辟宇宙的神力，富于同情心，是主宰天和水的睿智武勇的大神——太阳神"幕度尔"。契丹皇帝自阿保机始，都把自己作为受命于天的太阳神，也就是萨满教里大神腾格里（长生天）或"幕度尔"（龙神）。

二是萨满教的龙，在建立契丹帝国过程中发挥了无可替代的巨大作用，建立了不朽的功勋。从"母梦日堕怀中，及生，室有神光异香"，到于越释鲁对阿保机说："吾犹蛇，儿犹龙也。"再到"梦受神诲，龙锡金佩"，无一不是为阿保机的"君权神授"呐喊助威，使阿保机登上天皇帝宝座的道路平稳顺利。建国后，更重要的是为帝国能千秋万代

契丹文"千秋万岁"背单龙戏珠金钱

传下去还要继续利用龙的神力，所以契丹皇帝恋龙热情始终不减。

三是为使契丹族纳入龙族——"黄帝族"一脉，辽代史官把《辽史·太祖纪》活脱脱写成《黄帝本纪》，差一点就直说阿保机是黄帝转世。阿保机从出生到病逝的种种神异，在《黄帝本纪》都可找到对应事例，甚至文字都极为相似。辽代史官的这种记史笔法不是信手拈来，而是精心设计，目的是为契丹统一华夏做舆论准备。太祖阿保机是华夏龙族始祖黄帝转世，他的子孙自然是神龙一族、"龙的传人"了，"诸夷"自然会望风归附了。

基于以上原因，契丹皇族把龙的形象绘进生活的每一个角落，从身上的冠帽、服装、靴鞋，到所用、所乘、所佩等一切可画龙纹的用品与地方都画上了龙纹，并把龙的形象镌刻到辽代皇帝视为"王信"

和宣传教化工具的钱币上，对龙的崇拜被推到极致，创作了大量美不胜收的"龙钱"。今天展示的契丹文"千秋万岁"背"单龙戏珠"金钱，亦应是这些辽代龙钱中又一佼佼者。

契丹文"千秋万岁"背单龙戏珠金钱，径46.32毫米，穿9.87毫米，厚4.56毫米，重72.1克。黄金材质，厚重浑朴，辽钱气息浓郁。钱面四个契丹小字作顺读（上下右左序），钱文细瘦劲挺，清新明晰。汉译为"千秋万岁"，寓意"祈祝辽王朝万世永存"。钱背镌刻了一条呈口朝下的"C"型腾空飞舞的升龙，龙头硕大，龙颈细长；龙纹龙身丰满、粗壮威武；龙爪为三爪；龙头生双角；二目如珠，张嘴吐舌。构图紧凑，造型生动，层次分明，形态蜿蜒如生，气势非凡，其龙形与汉文"千秋万岁"背单龙小平宫钱之龙为一人所绘，相信铸造时间相距不远，应是庆祝阿保机寿诞之日的祝寿钱，时间应在太祖元年（907）至太祖三年（909）之间。

辽代皇族的爱龙、恋龙、尊龙、崇龙，对辽代各阶层各民族人民都产生了巨大的影响。这些民众虽不能着龙、用龙，可是可以赏龙，观龙，以龙为图腾，为护身符，为图画，为雕塑，为器具纹饰。结果造就了丰富多彩、深邃厚重的契丹龙文化。契丹龙文化反映在辽钱和辽镜上就是以形态各异的龙装饰到各种形状的钱币与铜镜上。

契丹龙钱和龙纹铜镜，多种多样，可谓百态纷呈。比如依照龙自身的姿态来说，有蟠龙、腾龙、立龙、爬龙、升龙。细说，还可以分为正反向旋形龙，"S"字龙、"乙"字龙、"C"字龙、双龙戏珠、双龙抢珠等多种运动神态，充分显示了民族审美创造的风采特色。依龙的形状来说，有蛇形龙、鳄形龙、兽形龙、单冠龙等等；依龙所附的外环境来说，有水龙、云龙、火龙以及配花卉龙等；依龙的数量说，有独龙、双龙、雄雌龙等。再从龙身各部位观察，头可分为大头、小头、秃头、头背长刺以及龙头正、侧、俯、仰之别；龙爪有三爪、四爪，身子有长身龙、短身龙、异身龙等，全是身躯布满鳞纹的庞然大物；依龙嘴来说，有开口龙、闭口龙。钱币上一般都是开口龙。据传，龙有吐珠之说。因此，凡是钱币上的龙，绝大多数是龙戏珠、抢珠或吐珠的情景。

综上所述，契丹货币上的龙图案，因有多种形态、多种类别而气韵磅礴，久而久之，龙便成为最能为人们所接受的吉祥物被广泛运用。

汉文"千秋万岁"背单龙戏珠铜钱

辽代双龙纹铜镜

辽代"龙钱"是整个辽代货币文化的主要组成部分，它表现在流通价值尺度和宗教、祭祀的同时，也浸入了民俗文化，逐渐形成了一种独特的契丹及北方民族共有钱币龙文化。

契丹皇帝的恋龙情结，造就了漫长丰富的契丹和北方民族的龙文化，又将龙文化引入北方民族货币，由经济、宗教领域扩展到政治、经济领域，最后在经济、文化艺术领域中大放光彩。以龙作为装饰的货币（当然包括厌胜等花钱）其龙图案是我国北方民族独特的艺术瑰宝，当中尤以契丹货币龙文化最绚丽多姿。它完美地展示了古代契丹民族的气质与审美观。相信契丹钱币龙文化的这朵奇葩，将在源远流长的中华文化百花园中永远绽放。

辽太祖的治国方略
——契丹文"大德兴国"钱考

契丹文"大德兴国"钱，是一枚由天皇帝耶律阿保机亲自颁铸的意在传给后代子孙及辅弼大臣的"训政"钱，其特殊的历史与文化价值非常重要。

契丹文"大德兴国"钱径24.5毫米，

汉文面四月"千秋万岁"背单龙戏珠铜钱

重约20.3克，厚重如饼。钱面缘宽厚、穿郭宽正。钱背缘郭宽窄相近，穿郭作大四决状。四字钱文为楷书体契丹小字，直读，读序为上下右左，汉译为"大德兴国"。字面意思可以有四种理解：伟大的（道）德，可以使国家兴盛发达；盛大的功德，促进了国家的兴盛；坚定地按照道德价值准则办事，国家就可以兴旺发达；具有高尚道德和德行的人，可以使国家兴盛造福世人。

契丹是汉化极深的民族，是虔诚信奉儒家学说的民族。这枚契丹文"大德兴国"钱的面世，以事实鉴证了契丹以儒家"德、道"理念治国的历史，为洗清历代汉族文人扣在契丹族头上"愚昧、落后、野蛮"的帽子提供了新的佐证。

何为"大德"？"德"为何能"兴国"？

"大德"，是既指人又指事的一个褒义词。

指人，一是指品德、德行高尚的人，《礼记·中庸》：

故大德必得其位。

《孟子·离娄上》：

天下有道，小德役大德，小贤役大贤。

清黄篯来《和陶饮酒》诗之十三：

大德安钝拙，下士快新颖。

二是指得道高僧、道长，或佛与菩萨。北魏杨炫之《洛阳伽蓝记·秦太上君寺》：

常有大德名僧讲一切经，受业沙门，亦有千数。

《翻译名义集·释氏众名》：

婆檀陀《大论》：秦言大德。《毗柰耶律》云：佛言今日后，小下苾蒭，於长宿处，应唤大德。

汤用彤《汉魏两晋南北朝佛教史》第二册第十四章：

帝（隋文帝）深崇佛法，天下大德，群集关中。

唐赵璘《因话录》卷四：

元和以来，京城诸僧及道士，尤多大德之号。

指事，一是指大功德；大恩。《左传·僖公三十二年》：

吾且不以一眚掩大德。

《易经·系辞下》：

天地之大德曰生。

《诗·小雅·谷风》：

忘我大德，思我小怨。

晋·陆机《吊魏武帝文》：丕大德以

契丹文"大德兴国"铜钱

宏覆，援日月而齐晖。

二是指大节，坚定地按照道德、艺术和其他价值准则办事。《论语·子张》：

大德不逾闲，小德出入可也。

朱熹注：

大德小德，犹言大节小节。

契丹文"大德兴国"钱的"大德"，主要是指坚定地按照道德准则治国的皇帝和重臣。天皇帝耶律阿保机就曾把儒家鼻祖孔子称为"世之大德"，立庙祭祀之，并把儒家学说作为治国兴国的指导思想和理论基础。所谓"德"，即"按照儒家的道德准则治国"，即施行"德政"。故"大德"可以理解为"大行德政"。"德"为何能"兴国"？因为它符合道德准则，符合民心，符合事物发展的自然规律。

"德政"又称"仁政"，是与民心相互联系的，如确施德政，便能真得民心。孔子曾说：

为政以德，辟如北辰，居其所而众星拱之。

进一步指出：

道之以政，齐之以刑，民免而无耻；道之以德，齐之以礼，有耻且格。

孔子这里非常清楚地说明了政刑的作用不如德礼。"安上之民，莫善于礼"是儒家治国的根本方法。

但礼仪教化并不是不要强权。孔子认为：

政宽则民慢，慢则纠之以猛。猛则民残，残则施之以宽。宽以济猛，猛以济宽，政是以和。

契丹统治者对被统治者的"大德"、"仁政"就是要"怀刑"、"怀德"、"宽猛相济"。这种"大德"、"仁政"，在平定"诸弟之乱"之时展现的最为淋漓尽致，他多次释放造反的弟弟，而对参与造反的其他皇室成员，包括自己的女儿、女婿却毫不留情，一律该杀就杀，该弃市就弃市，该生瘗就生瘗，绝不手软，充分体现了"怀刑"、"怀德"、"宽猛相济"的"大德"思想。

《尚书·五子之歌》：

民惟邦本，本固邦宁。

因为，财要民生，强赖民力，威恃民势，君须民立。施德政以得民心，圣人应以百姓心为心。施"仁政"，也就是施重民、爱民、惠民、富民的"德政"。以道德教化为施政的准则，德是根本。

大德胜小德，小德胜无德；大德胜大力，小德敌大力。力生敌，德生力；力生于德，天下无敌。故力胜者，一时者也，德愈久而愈胜者也。

德与力相比较，"惟大德能得群力。是故德不可穷，而力可困"。耶律阿保机特别重视道德教化的作用，尤其看重利用钱币——皇帝的"王信"宣传自己的政策及治国方略。"大德兴国"钱就是这样一枚宣示契丹朝要以"德"立国的天皇帝的"王信"。

得民心当然是为了巩固契丹耶律王朝的统治。天皇帝耶律阿保机深深懂得自己的治国治民思想，要成为王朝后代天皇帝

大德孔子

兴国的传家宝，必须要使后代每一个皇室成员懂得"大德兴国"的道理，懂得笼络民心、施行"德政"的道理和策略。这应是天皇帝耶律阿保机想要告诉后代子孙的"大德兴国"的内容之一。

施德政得国得民，民富国振。实现德政的关键是能用贤才。"立政，任人、准夫、牧作三事"。孔子主德政，其首要一条就是尊贤、举贤。"治国之道，务在举贤"。"国以任贤使能而兴，弃贤专己而衰"。贤才是社会的财富，国家的栋梁。"其人存，则其政举；其人亡，则其政启"，为政在人这是真理。

自古以来，政治上修德从善稍有作为的君主，用贤才是其成功的主要原因。"得贤则安，失贤则乱"。"成功立事非委贤莫可，改制规模非任能莫济"。周文王、武王任用吕尚、姬旦，鼎传四百余年；管仲相齐，齐能首霸中原；齐威王以四臣为"瑰宝"，外拒寇、内修政；刘备任用诸葛，达到三分天下有其一；唐太宗善用魏征，方有贞观之繁盛等等千古流传之佳话，充满史河。

天皇帝耶律阿保机遵循明训史鉴形成的治国思想的核心——德政的人才观，即认识贤才、尊重贤才、举用贤才。使他神不知鬼不觉地建立了自己的腹心部、智囊团，轻而易举地攫取了遥辇汗国的政权、平定了"诸弟之乱"，建立了雄强八方的耶律王朝。他深知认识贤才、尊重贤才、举用贤才，说之易行之难，故他把德政的人才观列为"大德兴国"的内容之一，反复向子孙后代宣传。

阿保机作为一代圣明之君，深深懂得安民、抚民、保民、惠民、养民、利民、富民，以使民业发展，经济繁荣，民安国泰，民富国强的道理。所以他的"大德兴国"施德政，其主导思想是以民为根本，"政之所兴，在顺民心，政之所废，在逆民心"、"国将兴，听于民"、"是以圣王先成民而后致力于神"。为什么呢？"夫民，神之主也"。无民不能建国，无民不能立君，无民不能生财，无民不能显力，无民不能恃威。"无民而能逞其志者未之有也"。王者以重民为天，国者以利民为先，治国以富民为根本。国以民为本，民以食为天。民本即为民食，民食即为富民。"重民、利民、富民"，这是天皇帝耶律阿保机在"大德兴国"、"大行德政"过程中为后世当国者长治久安总结的一条根本政策。

兴国大德，需要有大德的君王、大德的官员去推行，而遴选具有大德的官员，是追求大德以兴国的明君的首要任务。没有伯乐，就不会出现千里马。大德之君要知人善任，为施德政为官的道德标准，应为自厚其德、敬上礼下、亲贤远奸、爱民恤民。孔子说："酣酒嗜音，峻宇雕墙，有一于此，未或不亡。""乐佚游，乐宴乐，损矣"。"富与贵是人之所欲也，不以与其道得之，不处也"。为民其实质也就是为君，因为民是"财用所出，安危所系"之人，为国之本。每个官吏是执行君命的工具，要尽全力，不藏私心，为君主的眼前利益和长远利益贡献力量。使君安其位，使被剥削的劳动者安于生存线上，老老实实尽封建义务，以维护统治者的安全。

熟通儒家用人之道的"大德"天皇帝耶律阿保机，慧眼识英雄，在他身边汇集了无数如其二十一功臣的贤臣良将，在众臣诚挚喊出"皇帝万岁！"时，阿保机也衷心答曰"重臣千秋！"、"其君臣相得之诚"跃然纸上。《辽史》论者对阿保机的用人之德由衷赞叹道：

惟圣知圣，惟贤知贤，斯近之矣。

从整个统治阶级的最大利益出发，自古以来，"大德"对为官者规范了诸多的道德要求，以适应德政之需要。在整个统治契丹的骨干力量中，就有那么一些人，如耶律曷鲁、萧敌鲁、韩延徽、韩知古、康默记及诸如二十一功臣等，受了严格的封建教育，恪守封建礼法，个人道德修养超群，他们认识到为官的根本问题还是为人。为官为人，千古一题。为官只是人格的特殊表现形式，是人格本质的政治表现。为官是过眼烟云，人格的魅力才是不朽的，才会有历史生命力。他们以儒家的"修身齐家治国平天下"为治国的经典，尊崇千年来为官者"忧天下"的品格，以"仁学"为施政纲领。他们为官一任，造福一方，威武不屈、不畏权贵、铁面无私、执法不阿、为民请命；他们除暴安良，主持正义、爱民如子、少征薄敛、使民以时；他们不媚上、不欺下，不营私、不舞弊、不结党、光明正大，两袖清风。

以自己的行为为契丹国的兴盛繁荣，万年永固做出了重要贡献。这些人达到了为官品行的最高境界，也为天皇帝耶律阿保机对实行"大德兴国"的后代子孙和臣下们树立了非凡的榜样。

盛兴大业，济世安民在德，"力胜者，一时也，德愈久而愈胜者也"。因为"惟大德能得群力。是故德不可穷，而力可困"。"德者，众之所归也。是皆足以聚天下者也"。行大德是兴国盛邦之根本。而行大德之成败均在于当国者，当国者公正无私，方能"一言而万民齐"。治国经邦，必定要修身正己，修身能齐家也才能治国，以达到"平天下"之目的。当国者的个人修养的高低，是君主能否真正施行德政的必要前提条件。以利民蔽民为标尺，正己以率下，治人先自治，广施仁德之政，普济黎民，养德治国，是大德之君的标准。"大德之君"耶律阿保机正是以自己"事母以孝，事弟以仁，事友以诚，事臣以义"的实际行动，履行"修德养性"的正己自治。阿保机之所以能"一言而万民齐"，就是其身之正无有能与齐之者。

"仁义"可称雄天下，"仁义之莫强于天下也"有德之君必讲仁义，对民绝不"夺其所好，遗之以其所不好；绝其所欲，强之以其所不欲，迫之而使从"。也绝"不以欲妨民"。这样，民才能"治吾国徇吾事"。"先王之使民也，义而公，时而废，同其欲，不隐其情，故民之从之也如手足之从心"。德君不用"掊克之吏"，不行"朝四暮三之术"。其养民之法是"聚其所欲，而勿施其所恶"，不"以力毒人"，不"罗其财以供"。一个当国者应贪德，而不能贪财，天皇帝耶律阿保机明白"匹夫贪以亡其身，卿大夫贪以亡其家，邦君贪以亡其国与天下"的道理。知道国君应当以"贪货财金玉之心而贪仁义道德，则昏可明，狂可哲"的道理。所以，阿保机即使在开疆拓土时亦不忘"仁义"，"他对投降者都予以善待，对劫掠来人口都赐土地耕牛，以安其生。甚至对未婚嫁及鳏寡人口给予官择婚配。每次攻伐所得宝货、珍玩无不赏赐群下。他以自己的言行必合"仁义"，展现着"大德之君"博大的政治胸怀与仁者之心。

"大德"当国者不仅有德还要有量：

人君者惟德与量俱，而后天下莫不归焉。德以收之，量以容之。德不广不能使人来，量不宏不能使人安。

不患其有所不至，而患其有所不安，能致而不能安，不如不致之无伤也。

德为正，量为容，有容德乃大，容世才能政通人和。当国者自身清廉、公正、仁慈、宽容、公而忘私；远佞巧之小人，近磊落之君子，存正直之心，去情欲之蔽，兴天下之利，除天下之弊，修德养性，威服人心。国家才可能兴盛才可能发达。"大德之君"耶律阿保机是中国历史上少有的大度量君王，《辽史·百官志》说：

辽太祖有帝王之度（量）者三，代遥辇氏，尊九帐於御营之上，一也；灭渤海国，存其族帐，亚於遥辇，二也；併奚王

反映契丹帝王和王后生活的《卓歇图》

之众，抚其帐部，拟於国族，三也。

其对臣下亦是容量海阔，如韩延徽亡归乡里复来，阿保机不但不怪罪，反赐名"匣列（契丹语复来）"，并命为守政事令、崇文馆大学士，中外事悉令参决。

"为政以德"即是以"仁政"治理国家，就是治民要"宽仁"，即对民众以道德教化为主，政令刑罚为辅。而在经济上减轻人民的负担，使百姓丰衣足食，这就是儒家的"惠政"思想。施"惠政"是为了"富民"，民富则国强。孔子说：

百姓足，君孰与不足？百姓不足，君孰于足？

王符说：

夫为国者以富民为本。

百姓足而后国富，百姓逸而后国安。

封建时代所谓的"民富"，也就是民衣食无虑，生产能够得以正常进行而已。

"凡为治以安民为本，民安则国安"。民逸才能民安，民富才能民逸。"国不自富，民足则富"。国以民为本，民以食为天。自古农桑为民与国之根本。因此，衡量一个国家民富与否主要看其农耕是否解决了人民吃饭问题。统治者对农桑的重视程度，是"有德之君"与"无德之君"的分水岭。

契丹历代之君，无不喜稼穑，善畜牧，树桑麻，习组织，相地利以教民耕。太祖"弭兵轻赋，专意於农"，在各地设和籴仓，以济民用。太宗深谙"军国之务，爱民为本，民富则兵足，兵足则国强"的哲理，多次诏有司劝农桑，教纺织，赐沃地给各部以事耕种，无害农务，戒伤禾稼。"大德之君"的"富民德

政"，使契丹的"农谷至是为盛"，沿边五十余州存粮"所在无虑二三十万硕，虽累兵兴，未尝用乏"。使契丹在连续多年大面积水、旱、蝗灾面前，仍能从容出钱帛、粮食振之。

《辽史·食货志》的编撰者，对辽代经济发达，轻赋税、重商贸，财货充足的史实，感触很深。他说论条件北方草原宜于牧马，海滨可以出盐，并不特殊。辽朝土地、气候、庄稼等条件都不如中原。然而辽自建国，农业连年丰收，不但解决了国民的温饱和防灾济困，而且国用不穷，惠及邻国，还有富裕和积蓄。是有什么特殊的办法而取得这样骄人的成绩吗？不是，只是劝导得人，施政得法而已。

世间论钱币的人，都感到钱币流布往往难以顺畅，钱币铸造常常不适合使用要求，于是兴起纸币权宜之法。辽国的交通和中原地区相比，远远不如，但辽国刚刚兴起，钱币流通就使国家殷富，供给戍边将士，赏赐征战官兵动不动就达亿万巨数，并没听说过有什么纸币代用等东西。是什么原因使辽朝钱制这样便捷利丰呢？没有什么奇招妙法，只不过是一切旧钱，无论何朝何代，都可以和辽自铸的新行用钱一起，听任老百姓使用而已。

最后，《食货志》编撰者意味深长地引用孟子"周于利者、凶年不能杀"的话说，善于使物资周转获利的人，灾难之年绝压不倒他。只要心力全部达到，一个人完全可以战胜临时的灾难，何况一个国家呢！所以善于治理国家的人，有办法利用天时地利等方便条件，克服一切不利因素，而实现他的志向。人们生活最重要和不可或缺的物资是粮食，社会经济繁荣最重要和不可或缺的物资是钱币。这里特别撰述辽朝这两方面的史实，就是用来说明辽国初期肱股重臣都是善于理财而使国家富裕的人而已。

契丹天皇帝耶律阿保机用儒家"大德"理论作为治国的指导思想和基本国策，利用了一切可以运用的工具宣扬儒教的"忠义、孝悌，天地君臣亲，仁义礼智信"以及"天命论"、"君权神授"等教义，并身体力行"六德之政"，"志于道，据于德，依于仁"，"明劝戒，成教化，助人伦"，终于兴盛了契丹，使其在华夏大地垂青史二百余载，真正做到了"大德兴国"。

契丹文"大德兴国"钱的发现，为人们揭示了一个礼仪之邦，"修文物，彬彬不异于中华"的新的契丹国家形象。从而也揭示出契丹二百余年国强民富的奥秘所在："行大德而兴国。"

此枚契丹文"大德兴国"钱应是契丹天皇帝耶律阿保机于神册三年五月乙亥，诏建孔子庙至神册四年秋八月丁酉，亲谒孔子庙期间铸造。因为在此前，契丹君臣曾在一次制定国策的会议上，就以何教为祭，即以哪家教义理论为国策基础发生过争论。太祖当时问众臣：

"受命之君，当事天敬神。有大功德者，朕欲祀之，何先？"皆以"佛"对。太祖曰："佛非中国教。"倍曰："孔子大圣，万世所尊，宜先。"太祖大悦，即建孔子庙，诏皇太子春秋释奠。

孔子既是大圣又是大德（大功德者），肯定他的"德政论"可以兴国，即是肯定天皇帝耶律阿保机制定的基本国策。《辽史》仅记载有关联的三处建谒孔子庙文字，都围绕何教大德可被尊为首神享祭，说明契丹文"大德兴国"钱应是配合祭祀孔子的宣教钱。首铸必当在首祭孔子之时，即神册四年秋八月丁酉，契丹天皇帝耶律阿保机亲谒孔子庙之时。

契丹文"大德兴国"钱不是一般的祭祀宣教钱，他是天皇帝耶律阿保机宣示国策，训诫子孙后代辅国重臣要永远坚持"以德治国，以德兴国"基本国策的"训政钱"、"宣教钱"。其历史价值、文物价值极高，至今仅见此一枚铜钱面世，无疑更加重了它的珍稀程度和经济价值。

由于资料的匮乏，契丹帝国实行"德政"的事迹大部分是以事循理，推测出来的，难免夹杂笔者主观臆断，"大德兴国"理论亦显得支离破碎，未能全面反映耶律阿保机"德政"的全貌，这些遗憾只能待有新资料时弥补。仅以此文就教于李卫先生及众位方家、泉友，请不吝赐教。

天皇帝的文治武功
——契丹文"天公安国"金钱考

这枚契丹文"天公安国"钱应是神册五年（920）契丹大字颁行前的契丹文，钱文读序为右左上下，钱文书体为端庄隶书，雄浑朴拙。形制工整肃穆，厚重大方。钱径39.2毫米，穿8.69毫米，厚3.5毫米，重51.2克。含金量90％。

谁是"天公"呢？反复翻阅身边的所有契丹史资料，本着"大胆假设，小心求证"的原则，把契丹人中可以承受"天公"尊称的人物进行了排比筛选，发现只有天皇帝耶律阿保机一人可以承受这个称号。

"天公"是以天拟人，亦是用"天公"称天。唐·皎然《问天》诗中曰：

天公何时有？谈者皆不经。

清·龚自珍《己亥杂诗》：

我劝天公重抖擞，

不拘一格降人材。

都是用"天公"称天。而契丹文"天公安国"金钱的"天公"，实指天皇帝其人。因为天皇帝的由来，就是"天皇"和"天帝"的结合。"天皇"者，传说中的三皇之一。司马贞《三皇本纪》：

契丹文"天公安国"金钱

天地初立，有天皇氏，十二头，澹泊无所施为，而俗自化。木德王，岁起摄提。兄弟十二人，立各一万八千岁。

"天帝"者，即上帝，上天之帝王。《荀子·正论》：

居如大神，动如天帝。

天皇帝，即是可立千秋万岁的大神，即是万岁不朽的"天"。正因为如此，无论从契丹政体、宗教和声望上来说，都只有他——天皇帝耶律阿保机才可担承这"天公"的神圣称谓。

知道了"天公"其人，其"安国"之事就容易确定了。阿保机戎马一生，为契丹开拓了万里江山，制定了一国两制的治国方略，发展了契丹的农牧副业和商业贸易以及各种手工业经济，制定颁行了本民族文字，促进了契丹文化与文明的大进步，使契丹成为当时东北亚疆域最辽阔，军事、经济实力最强大的大国。然而这些功绩与"安国"的本意的联系似乎并不紧密。因为国家有了不安全不安定的事情，"天公"采取了必要的措施和手段消除了这些危及国家生存的祸根，使国家恢复了安定的局面。这种情况才可称得上"安国"。

《辽史·太祖本纪》记载：

（太祖）元年春正月庚寅，命有司设坛于如迁王集会埚，燔柴告天，即皇帝位……群臣上尊号曰天皇帝，后曰地皇后。

太祖元年即唐天祐四年（907），这一年耶律阿保机建立了"大契丹国"，并就任了"天皇帝"。太祖自907年至916年建元"神册"的9年期间，除进行了一些开疆辟土的工作，大部分时间都在进行着"安国"战斗，主要是长达四年、大部分皇室成员参与其中，给契丹国带来空前浩劫的"诸弟之乱"。

"诸弟之乱"是什么性质的动乱？这是中国史学界争论了数十年没得出令人信服结论的问题。有人说"诸弟之乱"是氏族联盟世选制与封建皇帝终身制的斗争，也有人说是皇权与神权的斗争，还有人说是部族联盟残余势力与新兴封建势力的斗争。

"诸弟之乱"主要参与者都是皇室成员或后族成员，无一个是其他部族首领，如没有遥辇氏或八部大人参加，这说明"诸弟之乱"是契丹统治集团内部的斗争，是皇室权力分配的斗争，是兄终弟及与子承父业两种继承制的斗争。从《辽史·太祖本纪》我们可以看到，阿保机四个弟弟全部参与叛乱，两个亲妹妹连妹夫全部参与叛乱，一个嫡生女儿带女婿亦一同参与叛乱。更重要的是，阿保机的亲生母亲宣简皇太后的身影在"诸弟之乱"亦时隐时现，说明皇太后最少也是叛乱的知情者。

以上事实说明，"诸弟之乱"的主要根子仅是皇室内部对两种继承制的斗争。当然，斗争中也掺杂了以太巫神速姑为代表的萨满教神权势力与皇权独裁势力的斗争，与以皇叔辖底为代表的阴谋借诸弟之手夺取皇权后再取而代之的斗争。斗争是错综复杂的，平叛战斗是空前严酷的。

反映契丹骁勇善战的《射骑图》

《辽史·太祖本纪》记载了叛乱给契丹社会带来的惨状："民间昔有万马，今皆徒步，有国以来所未尝有。"

平定"诸弟之乱"，充分显示了阿保机的雄才大略和泰山崩于前而泰然自若的胆魄，他以"腹心部"为骨干，团结各部族，孤立叛乱集团，对叛乱分子区别对待，以怀柔安抚为表，以雷霆剿灭为本质，软硬兼施，终于把契丹史上惊天动地的皇室内部的大叛乱平定下来，使濒临破碎的河山重新安定下来，并步入和平发展的旺盛时期。

规模宏大的"诸弟之乱"，只有阿保机这样的"天公"才能平定，因为在皇室之外的人看来阿保机就是天之大神，建国初期阿保机的自我造神运动，在叛乱发生时真正起到了孤立叛乱者的作用。他通过提倡儒、释、道教分散了萨满大巫手中掌握的神权，进而将神权宗

教管理权全部纳入皇权之下，使太巫神速姑在叛乱中凝聚力蛊惑力大幅降低，以至在皇室之外竟无人响应。他动用忠于自己的腹心部和十万宫卫亲军，将掌握雄强迭刺部军权的叛乱集团通过艰苦卓绝的几个战役彻底消灭。"天公安国"的功绩确实伟大，"天公安国"的影响是契丹立国218年的基础。这是契丹人心悦诚服地铸造这枚为阿保机歌功颂德的"天公安国"金钱的主要原因。

铸造这枚"天公安国"金钱的时间，据推测应在平定叛乱的第二年（太祖九年，915）年底，是为第二年"神册"天皇帝上尊号、继续把阿保机推向神坛的措施之一。主持铸造工作的应是平定"诸弟之乱"的大功臣、迭刺部夷离董耶律曷鲁。此钱铸量不会多，应是赏赐平定"诸弟之乱"的功臣们的赏赐钱。历经千年，传至今天，存世不是孤品，也属于极罕见

的珍品。作为平定"诸弟之乱"的见证，该钱的文物价值、历史价值、经济价值都将创造契丹钱币的奇迹。

究竟是"天下太平"还是"天行太平"？

一种契丹文钱，很长时间都被译为"天下太平"。究竟谁是第一译者已无从

契丹文"天行太平"鎏金钱

契丹文"天行太平"合背铜钱

考查，笔者在20世纪90年代就已听泉友都称它为"天下太平"钱。这种钱大小如折十小型钱，有光背钱，亦有合背钱，还有鎏金钱，金、银材质钱。钱径在38—39毫米间，铜钱重量在22—29克。

这种契丹文钱存世量不算稀少，北方重要收藏家手中大都有收藏。从形制、工艺看，其与契丹早期 "家国永安"、"皇帝万岁"钱制作手法相近，相信铸造时间大约也应在太祖、太宗在位期间。

辽代末年，天祚帝天庆年间曾铸有一种国号、年号一体钱"大辽天庆"钱。这种"大辽天庆"钱里有一些背阴刻契丹文即所谓汉译"天下太平"的祭祀钱，大小如折十钱，钱径大约40—41毫米，重量约25—30克，有鎏金、金、银、铜各种材质钱。对于天祚帝在女真叛乱、国内灾害

频乃之时，乞求"天下太平"始终感到滑稽，认为这是一种病态心理在作怪。国家动乱时不去找出现祸乱的原因，仅想偷机取巧以祭祀神灵换取和平，不是白日做梦吗？

然而，得知这种契丹文字"天下太平"钱文的准确汉译应为"天行太平"时，才对天祚帝的作法有了新的深层次的了解。才知道他是以天皇帝嫡系子孙的名义号召大辽臣民紧紧团结在以他为核心的天神族——契丹族周围永远太平的理想。这个"天"不是指天下的"天"，而是指上天的"天"、天帝的"天"、天神的"天"、天族的"天"。天祚帝这里乞求的不是一般的太平，而是通过"天行健"来换取国家的太平。

"天行健"出自《周易》：

天行健，君子以自强不息。

意谓：天（即上天的"天"、天帝的"天"、天神的"天"、天族的"天"）的运动刚强劲健，相应于此，君子应刚毅坚卓，发愤图强。这里天祚帝要求臣民应该像天一样运行不息，即使颠沛流离，也不屈不挠，以自己民族的刚强劲健去争取新的社会太平。

保大元年（1121），天祚帝在国土大半沦丧的时刻再次祭起"天"的法宝，铸造了"保大元宝"背"天"钱，仍妄想"天行健"，得到上天、天帝、天神、天族的眷顾和支持，以求得昔日梦里黄花般的"太平"。天祚帝一味地要求臣民健行和祖宗的眷顾，足见他的昏庸愚蠢确已达到不可救药的地步。

现在我们再回顾太祖、太宗当时铸造

"大辽天庆"背契丹文"天行太平"镏金钱

"大辽天庆"背"天行太平"银钱

此种契丹文"天行太平"的意图，似乎可以感受到两位契丹帝国创建者那自强不息的心胸，那百折不挠泣血枕戈的意志，那治乱兴亡去旧布新的眼光，那才叫"天行健"，那才叫"君子以自强不息"！在这样的明君治理下，天下如何不太平，大地如何不载德？与其不肖子孙天祚的乞求"天行太平"的行径相比高下立判，眼睁睁看着自己不肖子孙把祖宗挣下的产业一点点败亡，太祖、太宗在天之灵恐怕也只能徒兴慨叹而已。

这种契丹文钱汉译作"天行太平"，还是译作"天下太平"？从文字学角度不想做过多评论，但从社会学历史学事实出发，更倾向于译作"天行太平"，因为这样对了解辽早期及灭亡前夕契丹统治者都把"天行太平"当作鞭策臣民

的号召。

附："天行太平"钱形制数据

"大辽天庆"背阴刻契丹文"天行太平"镏金钱：径40.38毫米，穿6.59毫米，厚3.27毫米，重25.1克。

"大辽天庆"背阴刻契丹文"天行太平"银钱：径40.36毫米，穿6.50毫米，厚3.06毫米，重29.1克。

合背铜契丹文"天行太平"钱：径38.54毫米，穿10.51毫米，厚3.81毫米，重28.1克。

镏金契丹文"天行太平"钱：径38.35毫米，穿10.46毫米，厚2.82毫米，重22.7克。

铜契丹文"天行太平"钱：径38.95毫米，穿10.87毫米，厚2.73毫米，重23.9克。

从"神册元年"考证契丹小字的创制

契丹小字何时创制？按《辽史·皇子表》所说：

迭剌，字云独昆，第三。回鹘使至，无能通其语者，太后谓太祖曰："迭剌聪敏，可使。"遣迭之。相从二旬，能习其言与书，因制契丹小字，数少而该贯。

从该记载知，辽太祖时，有回鹘使者从西域来，但无人懂得其语言。萧太后建议遣太祖弟迭剌随回鹘使者学习其言语与文字。为了加强与回鹘的交流，太祖准奏。迭剌博闻强记，随回鹘使者学习二旬，便学会了回鹘的语言与文字，并据此创制出自己的文字——契丹小字。其时史书无明确记载，据近现代专证考证，时间认定在天赞四年（925）。

这条记载长期以来一直受到国内外学术界的重视。早期学者如王静如、陈述、李符桐等，多以这一记载为依据来阐述契丹小字的形成，认为契丹小字是根据回鹘文创制的。后来，随着用契丹小字书写相关的文献不断发现与研究的逐步深入，尤其是1950年锦西西孤山出土《萧效忠墓志》的发现与研究，这种说法开始受到挑战并最终被否认。

在排除契丹小字系因袭回鹘文字母而来这一说法的基础上，更多的研究者倾向于这么一种观点：契丹小字是在参照汉字和契丹大字字形的基础上，同时借鉴了回鹘语拼音法，三者有机结合而形成的新文字。这种说法较为切合实际。否则，迭剌

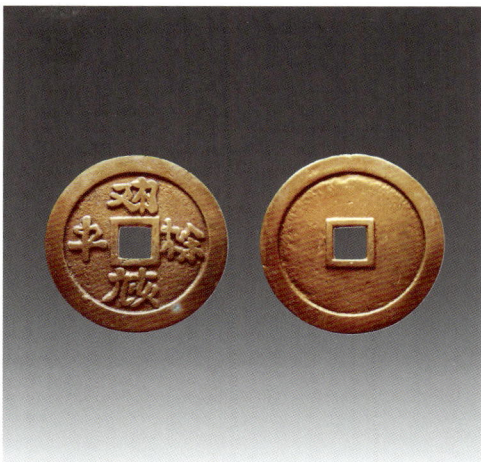

契丹文"神册元年"光背合金钱

即使再聪明，仅仅跟随回鹘使者学习二旬，就想学会一种新的语言与文字，无论如何都是不可能的，更遑论进一步以之为据来创制新文字了。

现在，几乎所有学者都认为迭剌学的应是回鹘文的拼音法规则，而非回鹘文字母本身。契丹语与回鹘语同属阿尔泰语系，回鹘语属于典型的粘着语，契丹语中

契丹文"神册元年"光背铜钱

也普遍存在着用多音节词和粘着词尾表示语法的现象，而且与回鹘语一样，契丹语也有元音和谐的特点。故而，用回鹘文的拼音法规则，更易于表达契丹语的语法现象。受此启示，迭剌通过对大字的改进与利用，从而研制出书写更为方便、使用更加广泛的契丹小字。后来，蒙古人、满人之所以先后采用回鹘文字母以拼写自己的语言，亦与蒙古语、满语与回鹘语一样同属粘着语这一因素息息相关。迭剌研制契丹小字成功的时间为天赞四年（925），当时无人提出疑问。

契丹文"神册元年"背双人合金钱

然而，这种迭剌于天赞四年研制成功小字的观点，近年来却被不断出土的契丹文钱币和符牌所推翻。经考证，断代为天赞四年以前铸造的有契丹小字的钱币和符牌，就有十多种。最早的有被钱币界绝大多数专家、学者认定为契丹遥辇汗国钱"大丹重宝"背契丹小字"宸令宜速"钱。很多早期有契丹小字的钱币和符牌，铸造时间都在辽太祖神册元年（916）之前。钱币见有明确纪年契丹小字钱币"神册元年"三种。

这些早期契丹小字钱币的发现，说明《辽史》的"迭剌制小字"是靠不住的，说好听了是阿保机造神运动的一部分，是"化家为国，化祖为神"的战略决策之一。说穿了就是一个彻头彻尾的谎言，更是贪遥辇时造字之功，占为耶律家族所有的一个掩饰。

现在，就契丹小字"神册元年"光背铜钱、契丹小字"神册元年"背双人铜钱、契丹小字"神册元年"背"开国"金钱这三种契丹小字纪年钱来仔细分析"迭剌天赞四年制小字"的真伪。

契丹小字"神册元年"光背铜钱，径62.94毫米，穿9.14毫米，厚3.77毫米，重72.7克；契丹小字"神册元年"背双人铜钱，径62.18毫米，穿8.91毫米，厚7.98毫米，重98.4克；契丹小字"神册元年"背"开国"金钱，径39.8毫米，穿6.12毫米，厚4.19毫米，重60.4克。

三钱虽大小不同，背饰各异，但风格一致。铜钱红绿锈色相映，温润柔泽，光鲜可爱；金钱包浆厚实，紫锈灿然。折十金钱钱文与当千型大钱有异，说明铜钱与金钱铸造时间不同。金钱穿上"神"字与铜钱穿上"神"字写法不同：金钱神字左边原字用的是类似小字"一"的原字【mas】，而铜钱神字左边原字用的却是原字又下撇加一点【mu】，这种情况在契丹小字使用时是常见的。三钱钱文都作右旋读，汉译都为"神册元年"。

三钱钱背一为光背，一穿左右铸二人盘腿坐像，一穿左右铸"开国"两个契丹小字。不同背饰寓意不同含义和用途。光背钱，应为颁行于民间的普通的纪念开国纪年钱；背二人像钱应是纪念开国皇帝阿保机（左）和皇后述律平（右）共创伟业的，颁行民间用于祭祀的开国纪年钱；背契丹小字左右横读"开国"钱，应是契丹

契丹文"神册元年"背双人铜钱

宫廷特殊铸造，专门用以典礼后颁赏给参加观礼的各国使节和有功之臣的开国纪年钱。

需要特别指出的是，从背二人像的位置看，钱上二人不是平等的，右侧地皇后明显低近一厘米，这应是有意而为之，他说明在契丹帝国天皇帝的地位是高于地皇后的，甚至是太后、太皇太后。这就可以解释为什么辽代后妃可以称制，可以听政，但最终都要归政给皇帝。在皇帝要从母后或皇后手中夺回权力时，后族不会有

任何异议，也不会给皇后、太后任何支持的。因为皇帝是天，天的意志就是民族的意志，国家的意志，任何人包括以皇后太后为首的后族都要无条件的服从！这应就是阿保机造神运动的政治成果之一。

三枚有准确纪年的契丹文"神册元年"钱币，驳斥了"天赞四年迭剌制契丹小字"的说法。但契丹小字何时创制，又成了不解之谜。

笔者认为契丹小字创制于遥辇汗国归附于突厥和回鹘时期。理由和证据如下：

一、遥辇汗国阻午可汗开国钱"大丹重宝"背铭的"宸令宜速"契丹小字，说明契丹小字在遥辇汗国某个时期就已创制并使用。这个时期应就是745－842年契丹举国归附回鹘汗国时期。在和回鹘人长期交往中，契丹人在使用契丹大字（胡书）记录书写契丹语时，发现不如回鹘文拼写方法来得方便快捷，于是人们借用回鹘文的拼音法规则，通过对"胡书"的改进与

契丹文"神册元年"光背铜钱

契丹文"神册元年"背"开国"金钱

利用，从而研制出书写更为方便、使用更加简单的契丹小字。

二、契丹语和契丹小字中借用了许多回鹘语和回鹘文专用名词，就像契丹大字（胡书）借用了许多汉语文专用名词一样，说明契丹小字的创制是在和回鹘语文长期接触及使用过程中逐渐吸收、改造、发展而成的，不是短期里可以一蹴而就的。如，铁不得——吐蕃，族名；可敦——皇后，称号；夷离堇——统军马官，官号；惕隐——掌宗室官，官号；于越——尊官，官号；达剌干——县官，官号；夷离毕——掌刑政官，官号；详稳——将军，官号；挞林（闼林、挞领）——仆射，又名司空，官号；梅里（梅李）——贵戚官，官号……诸如此类，不一而足，可见回鹘语文对契丹小字

影响之深。

三、回鹘强盛时，契丹为其臣属，回鹘遣使"监护其国，责以岁遗"。直到唐会昌二年（842），在奚族和契丹族中仍有"回鹘监使等八百余人"。回鹘汗国的强盛持续了近一个世纪，840年在内乱外患的双重打击下灭亡，部众四散外逃，大多西徙至新疆、中亚及河西走廊等地，留滞在契丹和奚地的回鹘监使及其族属都融入了契丹族。回鹘语与契丹语同属阿尔泰语系，同属粘着语，语言本身就有相通之处，使二者之间的包容更为便捷。契丹人在与回鹘人一百多年的交往中，环境与情势都不容他不吸纳回鹘文的拼音方法改造依汉字创造的"胡书"。其实，这也是归附契丹的回鹘人热切期盼的盛事。

基于以上三点，笔者断定契丹小字的

创制和契丹大字创制一样，都在阿保机接受痕德堇禅让之前，迭剌和突吕不、鲁不古等人，都只是参与了对原有契丹大小字进行整理、颁行而已。

辽太祖时期的政治经济制度
——"神册通宝"背阴刻文"契丹万年"金钱考

这枚"神册通宝"背阴刻契丹文"契丹万年"折三金钱，是天津著名钱币大收藏家郭氏兄弟的藏品。径30.24毫米，穿6.38毫米，厚2.4毫米，重18.7克。金质，含金量90%。正面"神册通宝"四个汉字，以隶写楷，内蕴刚劲，外显雍容，端庄肃穆，落落大方。背阴铸四个契丹小字，朴拙雄劲。四字钱文作"对读"状，读序为上下左右，汉译意为"契丹万

年"。

"神册通宝"背阴铸契丹文"契丹万年"折三金钱，应是契丹开国皇帝耶律阿保机建元"神册"后，颁铸年号钱"神册通宝"祭祀时的首枚奉献钱，是一枚具有特殊历史意义的年号钱，浸透着阿保机对契丹族人无限的深情，饱含着对契丹国家长治久安的期盼。

出身于契丹族迭剌部的耶律阿保机，901年任本部的夷离堇（管理本部军队兵马的指挥官），因战功于903年升为遥辇汗国于越（掌握遥辇汗国军政大权的高官），907年接受痕德堇可汗"禅让"，建立契丹帝国，被尊为"天皇帝"。913—915年，阿保机平定了反对他的"诸弟之乱"，并收伏了邻近的女真、室韦等族。916年，被加尊号"大圣大明天皇

"神册通宝"背阴刻文"契丹万年"金钱

57

帝"，完成了封建中央集权君主制的政治体制改革，定都上京（今内蒙古巴林左旗林东镇南），建年号"神册"。

耶律阿保机称帝后怀"一统天下"之志，于923年攻取营州（今辽宁省朝阳县）、平州（今河北省卢龙县）等地。924年率军西征，平服了漠北阻卜等部。926年正月，统兵攻灭了渤海国，并将其改名为"东丹国"，派太子耶律倍镇守，封为"东丹王"。七月，率军回国途经扶余城（今吉林省四平市）时，于辛巳日病死。死后庙号"太祖"。

阿保机在位期间，任用"汉臣三杰"、"契丹七英"等英才，改革习俗，建筑城郭，发展农业生产，开展商业贸易，推进了契丹政权的封建化过程，成为当时中国北方的一个强大政权，给五代各政权及以后的宋朝以很大的威胁。

耶律阿保机在位时吸收了回鹘摩尼教的教义对契丹原始宗教萨满教进行了改造，把对祖先的崇拜具体化为对契丹始祖的崇拜，把对日月的崇拜具体化为对皇帝、皇后的崇拜，为契丹人能自豪地立于民族之林提供了牢固的精神支柱。在"化祖为神，化家为国"的战略思想指导下，阿保机从民族本源上神化自己的民族，作为"天神裔族"的他逐渐把契丹族各种姓都纳入到耶律和萧两大姓氏之中，为巩固本民族内部团结、一致对外奠定了坚实的基础。

在治国指导思想上，耶律阿保机出乎意料地肯定了长子耶律倍的以孔子作为民族膜拜对象的意见，奠定了契丹族以儒家学说为意识形态统治的基础。在这种意识形态指导下的封建国家所产生的新的生产力和新型的生产关系，打破了长期以来游牧部落联盟落后的、旧的生产力和生产关系，使契丹族逐渐重农重商走上多种经济共同发展的康庄道路。

在文化教育上，阿保机既重视本民族文化的创新发展，更重视对先进汉文化的吸收消化发扬光大，在契丹境内契丹语、汉语同为官方通用语言。无论在科举、官私文书、钱币、符牌、印章、石刻等方面，契丹文字和汉字同样广泛应用。历代契丹皇帝都以身作则，率先垂范钻研契丹与汉文化的关系，并以对本民族文化和汉文化的深刻了解，治理契丹国家。

在政治体制上，实行开放式的"一国两制"的政治制度，大幅度地把汉族、渤海族有识之士吸收到政权之中，并给予相应的权力，团结他们，信任他们，真正实现了"以夷制夷，以华制华"的统治。

《辽史·百官志》说：

太祖有帝王之度者三：代遥辇氏，尊九帐于御营之上，一也；灭渤海国，存其族帐，亚于遥辇，二也；并奚王之众，抚其帐部，拟于国族，三也。有英雄之智者三：任国舅以耦皇族，崇乙室以抗奚王，列二院以制遥辇是已。

观北面诸帐官的设置，可以看到太祖建立契丹帝国政体的苦心孤诣和周密设计。

对待为汉人、渤海人而设的南面官，

契丹大字天皇帝阿保机御名金牌

阿保机实行"一信任、二放手、三给实权"政策，真心实意地对待汉臣。阿保机建国初期所重用的"汉臣三杰"：左尚书、皇都夷离毕康默记，政事令、崇文馆大学士韩延徽，左仆射、中书令、总知汉儿司事韩知古，无不有职有权，中外事悉令参决。这样的胸怀和气魄，在中国历代皇帝中也实属罕见。契丹帝国历史上，皇帝从未因民族歧视杀过一位汉族大臣，凡降辽汉官无不受到礼遇，这应是辽太祖以身作则率先垂范的结果。

在经济上，弭兵轻赋，专意于农，屯田戍兵，易田积谷以给军饷。使契丹自初及亡始终"农谷充羡，振饥恤唯，用不少靳，旁及邻国，沛然有余"。起榷务以通市易，置羊城立征商之法。太宗时能有"都会百万"、"百物山偫"、"来易于辽者，道路繦属"。和太祖征商之法应不无关系。制盐、金属冶炼，因措置得法，岁出之额，国家皆赖其利。畜牧业的发展更为契丹人所骄傲。自太祖初年至天祚帝垂二百多年，群牧之盛如一日，天祚年间马犹有数万群，每群不下千匹，这是何等大的一份财产啊！特别要说的是太祖开创的契丹的铸币业，书写了一个又一个中国乃至世界钱币史上的奇迹，其发明的"巡宝钱"、"伯文钱牌"、"万岁三钱"及品种繁多的政治教化钱，契丹文钱，都在中国钱币史上留下光辉的足迹。《辽史·食货志》说到辽的铸钱情况时，不无骄傲地说："辽之方盛，货泉流衍，国用以殷，给戍赏征，赐与亿万。"未闻"重滞之难致，鼓铸之弗给"、"有所谓楮币也"。

从以上论述，可看出阿保机时"用事之臣，善裕其国"的非凡的管理才能。

阿保机以自己的雄才大略，将五百多年饱受周围民族欺凌的契丹族，带上了民族振兴之路，使一个"马逐水草，人仰湩酪，挽强射生，以给日用，糗粮芻荻，道在是矣"的贫穷落后民族，发展成为"都会百万"、"州城接踵，府京相望"、"百物山偫，粮秣无穷"、"虽累兵兴，未尝用乏"的强大富足的新契丹，使一个被他族视为愚昧野蛮、刻木为契、结绳纪事的民族有了自己的民族文字，并和汉文字一同成为官方文字，并使国民对两种文字得到普及，两种文明深入民间，最终使契丹成为一个修文物彬彬不异中华的"华夏大国"。

耶律阿保机"番汉一家，南北平等，因俗而治"的思想后经景宗、圣宗、兴宗、道宗诸帝的阐发和推广，使得北方民众的思想空前的活跃。由于这些思想意识的积凝，在一个不是很长的时间内，改善了北方多民族相互间的关系，使得广大汉族人民从思想上接受和容纳了契丹族的统治。同时，也使以契丹为主的其他北方民族更加彻底地放弃了游牧部落落后的观念而去追逐儒家思想指导下的封建帝国的新的理论。这种观念转变的实质在于：地域和民族的划分并不是一个国家进步和兴盛的阻碍，而思维和认识的统一，才是国家兴旺的根本。这种思维方法的传播在以后中国长期的历史中，在国家统一、民族融合的进程中显示了它强大的生命力。它给予后来承替的北方游牧民族女真、蒙古所建政权以极大的启迪，金、元、清朝在占

领中原初期都开科取士，就是源于这种思维。不仅如此，对元、明、清的民族融合亦产生巨大的影响。

耶律阿保机的远大志向

——"神册通宝"背契丹文"一统天下"折五金钱考

"神册通宝"为契丹天皇帝耶律阿保机首铸的年号钱，时在神册元年（916）春二月丙申，有小平、折二、折三、折五、折十五等钱，有金、银、铜三种材质，是传世出土实物已经证实的事。"神册通宝"折五金钱是天津市辽金金银币收藏大家郭氏兄弟的藏品，钱径36.71毫米，穿径8.02毫米，厚2.65毫米，重36.1克。含金量90%。钱面"神册通宝"为隶书大字，雄浑朴拙，粗犷大气。背阴刻四个行楷契丹小字，汉译为"一统天下"四字，读序为上右下左。

自唐朝会昌二年（842）契丹在回鹘汗国西溃，转奉唐后的一百六十多年，失去了宗主国的羁绊，获得了无拘无束的大发展时机。遥辇汗国的后三汗：耶澜可汗、鲜质可汗、痕德堇可汗，都为契丹的发展壮大做出了卓越贡献。虽然参考《辽实录》编撰的《辽史》，有意抹杀了三汗的功劳，把契丹的发展都加在耶律氏几位祖宗身上。但稍具历史知识的人都知道这是歪曲史实。

耶律阿保机凭着军功和痕德堇可汗的信任，一步步攫取了政权。他在谋夺政权过程中，深刻地了解和体会到可汗制的种

具有汉人服饰特色的契丹人煮茶图

"神册通宝"折五背阴刻契丹文"一统天下"金钱

种不如意，皇帝制的无数好处和优越。在汉族儒教天命观的熏陶下，他巧妙地改造了契丹族笃信的萨满教，把耶律氏始祖和家人都化为天神，为称帝作好了精神准备，他推行儒家的德政，以关心民生为手段，用赏赐财物收买人心，最终，顺利地登上了天皇帝的宝座。

907年，刚登帝位之时，为名正言顺，他曾请后梁太祖朱温册封，朱温口里答应，却不见行动。不过，经过近十年政治、军事、制度的完善和统一，契丹成为实力远超当时中华大地其他各国的强国。在这种情况下，作为当时唯一的超级大国契丹的天皇帝，产生"一统天下"的想法是最现实、最客观的。如果面对当时天下的形势无动于衷，不想"一统天下"，那他绝不会是契丹太祖天皇帝耶律阿保机。因为当时的契丹有充足

的经济实力、军事实力、政治实力，去完成"一统天下"的大业。

在建元"神册"之时，借铸造"神册通宝"年号钱之机，阿保机特选折五钱一

契丹军官和随从

种刻上"一统天下"的誓言，向天下明示自己的志向，可以说是一种叱咤风云、撼天动地的壮举，是阿保机凌云壮志的展现。

作为一代雄主，为完成自己"一统天下"的霸业，在秣马厉兵的同时，首先利用萨满神权进行了国内上下一心的思想统一，把自己所要作的"一统天下"的每个阶段的部署都赋予了神示的权威。经过八年对周边部落的兼并，耶律阿保机于天赞三年（924）六月乙酉，以神示的方式宣布了要用三年时间完成"一统天下"的霸业的战略部署：一取西域诸部，二灭渤海，三取中原，继而统一天下。

阿保机的战略部署英明而果断，正如他自己所说：

机谋在己，取舍如神，国令既行，人情大附。舛讹归正，遐迩无怨。可谓大含溟海，安纳泰山矣！

半年尽取西域各部，又半年灭渤海盛国，真可说气势如虹，摧枯拉朽，所向披靡。如果这时阿保机没有暴病，他的"一统天下"宏图应该说是指日可待的事。

然而世事难料，不如意之处往往多过预想，所谓"壮志未酬身先死，常使英雄泪满襟"。阿保机的挥泪西归，又使中国的统一一向后拖延了三百余年。这对中国是祸，是福？恐怕谁也说不清。但可以肯定地说，持"大德兴国"思想的阿保机进汴梁，绝不会犯他儿子耶律德光所犯的"三失"大错。但历史无情，它不容许任何如

果类设想存在，阿保机的折戟沉沙，只能让后人扼腕长叹。

契丹文"泰皇万国"钱的来历

笔者收藏的契丹文"泰皇万国"的大铜钱，钱径达61.45毫米，穿径较小仅9.09毫米，厚近4毫米，重70.7克。钱文书体为隶书体契丹大字，钱文读序为上下左右，汉译为"泰皇万国"。

该钱文如果仅从字面来解释倒是很通俗易懂："三皇之一的泰皇管理着数以万计的国家。"这是什么意思，难道在强大的契丹帝国境内竟有三个皇帝统治这个国家？真叫人感到不可思议！

何为"泰皇"？在契丹境内谁是"泰皇"？据史书记载，"泰皇"是上古三皇之一。《史记·秦始皇本纪》说，天皇、地皇、泰皇为三皇，泰皇最贵。"泰皇"在上古具体指的是谁呢？《太平御览》卷七十八引《春秋纬》说："泰皇"又称

"万国泰皇"铜钱

"人皇"，即传说中的太昊伏羲。因三皇是上古传说中的人物，所以对三皇具体所指各个朝代各种史书并不相同，但在认为"泰皇"即"人皇"一点上却出奇地一致。天皇、地皇、人皇，是三位天神，道教把"三皇"描绘成奇异形象以示神的与众不同，天皇人首蛇身，即伏羲；地皇人首蛇身，即女娲；人皇牛首人身，即神农。

信奉萨满教的契丹人本无"三皇"的概念，他们崇信的是自然神、祖先神。自从和唐朝汉人崇信的道教、回鹘人崇信的摩尼教接触久了，就自觉或不自觉地将其他教派中对巩固自身统治有利的内容引进了萨满教，为己所用。"三皇"作为阿保机时期萨满教的最高神地位的确立，正反映了阿保机改造萨满教的真实。阿保机改造原始萨满教的目的，就是贯彻自己"化祖为神，化家为国"理想，建立一个世袭制的契丹帝国。从建国前就开始的以阿保机家人为对象的造神运动，一直在契丹境内如火如荼地进行。从把自己装扮成日神下凡到自称天皇帝，把述律平装扮成月神地祇到称为地皇后，把皇太子耶律倍封为人皇王，一步步都体现了阿保机"化祖为神，化家为国"造神运动的缜密和细心。

阿保机煞费苦心不遗余力地造神，就是想通过造神运动使自己定下的世袭制获得宗教的支持，上天的支持，使人民只能对耶律家族顶礼膜拜，而不敢产生丝毫反抗不敬之心。造神运动最有效最直接的措施就是利用"国家名片"、"王信"——国家钱币，把天皇帝的喻令"神的旨意"传达给全国臣民。铸币权，这一皇帝独占的行政资源，为阿保机"化祖为神，化家为国"的大业立下了无数功劳，这是耶律

三才挂钱

阿保机、耶律倍、耶律德光时期契丹钱币超乎寻常丰富的原因，也是契丹时期各种政权无论存在时间长短，只要能造钱币，就绝不会不铸造自己钱币的根本原因。

契丹文"泰皇万国"钱，亦应该是耶律阿保机"化祖为神，化家为国"造神运动的政治钱币之一。"泰皇"，前面已经说了，即"人皇"。联想到阿保机自称"天皇帝"，述律平被尊为"地皇后"，皇太子耶律倍被尊为"人皇王"史实，可以确定此钱必定和"人皇王"耶律倍有关。但这里需要指出的是耶律阿保机所定的"三皇"，和上古三皇内容并不相同，他只是借用了上古三皇的名称和神的地位，而赋予了"天地人，三才"的内容，突出了"化家为国"的重要政治目的。

"三才论"是古代一种哲学思想和世界观，源于古代奇书《易经》。仰观星宿，俯察地理，大道至简。古人依天设卦，分春夏秋冬四时，以二十八宿应四衡二十四节气，分阴阳定五行，以有形可见之星相来解析无形不可见的阴阳之气的运动规律。继而建立天地人三才变化，历三元九运，五十生成之道理，所以黄帝内经曰，人体一日气行五十周，一呼吸行六寸等语。黄帝内经曰先有天后有地，继之生人，天之阴阳五行运化交媾而生地，地之阴阳五行运化交媾而生人，人交媾而生子孙后代，天有一处，则地有一处，人也有一处，天有太极，地也有太极，人也有一太极，天地人相互感应。天为地之父母，地为人之父母，人则为子女之父母，所以

说天地人之气是相通相传而共鸣的。

这里所论述的三才论，即是阿保机以"三才制"、"化家为国"的理论基础。天皇帝为一切之尊，地皇后为所有子女之尊，人皇王为所有臣民之尊。契丹曾铸有金银铜三种材质的大型阿保机一家"天地人三才神"形象的挂钱一种。就是表现的这个主题。"泰皇万国"钱也应是表示"三才制"、"化家为国"思想的钱币之一。"泰皇"这里指的就是皇太子人皇王耶律倍。

"泰皇万国"钱，钱文的内涵应是"天皇帝的嗣君人皇王将君临万国"，是天皇帝耶律阿保机向天下宣布自己的接班人。这枚钱的发现和破译对重新认识契丹早期历史很有帮助，是扫清某些人认为阿保机在确立耶律倍为自己接班人后曾想改立德光的迷雾的有力实证，是揭露述律平在阿保机突然死去后，偷改遗命进行宫廷政变的证物。其历史、文物、经济价值应是不言而喻的。该钱的铸造时间应在神册元年（916）三月丙辰。立子倍为皇太子之时。

契丹文"寿福永昌"大钱考释

不是"应历"是"神册"？

契丹文"寿福永昌"当十大钱背文的两字"𰀀𰀁"，两图"𰀂，𰀃"，至今无人知道其字读作何音，寓意为何。笔者虽考证出其字为"应历"、"勅"，图形为皇帝徽记或花押，但总觉得不见辽"勅走马牌"实物，心里不甚踏

"寿福永昌"折十光背铜钱

实。只有再换个角度来分析。

还是先说穿下"▥"字。《臆考》依宋人陶宗仪、王易的记载，断其为"勅"字。这个推断基础不牢，因为至今未见契丹银牌长牌"勅"字是什么样，也没见契丹碑铭中"勅"字的写法。仅凭王易《燕北录》中没标明字序的一句话"上国书勅走马字 ▧▧▥"（见《辽代货币文集》431页，内蒙古人民出版社）作为定案的依据，确实缺乏力度和令人信服的说服力。这个字完全有可能不是"勅"字，因为"▧、▧"已被"寿福永昌"钱背图饰证明不是"走马"二字，而是徽记或花押。那么"▥"字，也肯定不是"勅"字。那它又是什么字呢？细看实物，知道这个"▥"不是图形而是个契丹字，而且肯定是个契丹大字。契丹大字系"以隶书之半增损之"。这个"▥"字系隶书"册"上增罩一个天（∩），象征上天赐予册封的的人，其义应为皇帝的

皇字或天神册封的"册"字，引申为上天册封的人下的命令，就是"勅"的意思。至于它在契丹语中读作什么音，则不得而知了。再联想到契丹皇帝都被称为天皇帝，"册"上加"∩"（天）（天既代表皇帝又指上天。契丹大字中屡见天'∩'和别的事物组成的字，如："▥"、"▥"、"▧"、"▧"等）是否意为天（皇帝）给予的权力和命令，即"勅"。《辽史·仪卫志》对银牌神圣的描写：

> 如皇帝亲临，须索更易，无敢违者。

应证明了这一点。

再看穿上字"▧▦"。刘凤翥教授在《契丹大字的纪年考释》（1982年《民族语文》第3期）一文中，把它解释为两个字"▧"、"▦"（应历）。可是端详钱上"▧▦"（▧）字却怎么也看不出它是两个字。纵观所有发现的契丹文字钱，无论大字、小字，都不见两个单字合成一个钱文字的现象。契丹大字来自隶书，也应是方块字。一字一音节也应是它的造字原则，不会一个字是两个音节的词组。如果把穿上"▧▦"分成"▧"、"▦"，读成"应历"，无论怎么讲，也是说不通的。我没看到过《应历碑》，不知道碑上的"▧▦"字是否和钱上的"▧▦"字一样？如果不是写成单独分开的"▧"、"▦"两个字，那我敢肯定，任何人将"▧▦"释为"应历"都是绝对错误的。

钱上的"▧▦"字是个单字，似乎

"寿福永昌"折十背"神册"铜钱

能看到汉字"神"的影子。它应该是由 **芇**（示增损而成）和 **百**（申减损而成。篆文申 **昌** 是叉手，隶书写作 **印** 由隶书增损成 **百**）组成，仍为"神"义。它与穿下的 **畾** 字，正好组成大契丹国第一个年号"神

册"。如果这个分析可以成立的话，那这品"寿福永昌"背"神册"当十钱，就应是辽代开国皇帝耶律阿保机在神册年（916－922）庆寿或柴册时特铸的赏赐庆典钱了。左右两个图形 **芇 心** 或是皇帝的徽记或花押，或是象征富足的雪花银

契丹文"寿福永昌"折十小型银钱

"寿福永昌"小平铜钱

吉祥图案，也就顺理成章了。"▦"字在钱上当汉文"册"字讲，在走马银长牌上当"勅"字用，想来也合理。上天（也可是皇帝）赐予的册封，称作"勅令"上合规制，下符字义。一字在不同的地方做两种用法在契丹大字中很平常。至于剜字改范的光背钱，就可能是应天皇太后或辽太宗生辰或柴册时以旧"寿福永昌"改范铸的赏赐庆典钱了。

本人见识有限，把背文二字释成"神册"纯属臆断，仅供方家参考。

"寿福永昌"还是"福德长寿"?

契丹文"寿福永昌"钱，定名于20世纪80年代中期，钱文"寿福永昌"，最早由贾敬颜先生提出，后经陈乃雄先生肯定，最后由卫月望先生专文告示天下。如今20年过去，三位先生均已作古多年，当年的孤珍"寿福永昌"小平如今已有多种版别面世来陪伴。虽然名字还被称作"寿福永昌"，但在多种契丹文"寿昌"年号钱币和已被破译的大量契丹文面前，人们渐渐感到其译文"昌"字似乎存在某种不适宜的地方。经笔者近一年的资料检索和多种钱币、文物的综合分析，最终认定契丹文"寿福永昌"钱还是应读作"福德长寿"才符合原钱文设计时的本意。

把钱文释读作"福德长寿"并不是笔者的发明，24年前刘凤翥先生就曾认为该钱应释读为"寿长福德"，但遗憾的是刘先生没有举出令人信服的例证，只说辽汉文钱有"福德长寿"，就应该有与其相对应的契丹文钱。

如今笔者重提"寿福永昌"应读作"福德长寿"的旧案，是想从释读新契丹文字资料的角度，来分析契丹钱币铸造特点、契丹早期政治历史等方面的情况，以论证该钱文释读作"福德长寿"的合理性。

要说明的是契丹钱早期钱序读形式多样，有"右旋读"、"左旋读"、"顺读"、"对读"、"反读"、"升读"等读法。就目前的发现来看，说契丹年号钱以"右旋读"为主是正确的，但如果说契丹钱都是"右旋读"就是错误和片面的。

契丹小字钱文已有"寿（穿上）长（穿下）福（穿右）"三字，当年已无疑义，经现在核对也无任何错误。问题出在第四个字"昌（穿左）"上，当年是按纯意译，把钱文四字都定为是契丹本族语而非汉语音译词。又宥于钱文都是"右旋读"的错误认识，于是把穿左字硬作"昌"字解，又把穿下"长"字当

"神册"花押小平金钱

"福德长寿"肖猴铜钱（拍卖品）

作"永"字，勉强拼凑出当时认为最得体的释文"福寿永昌"。后经卫月望先生增补"道宗因曾孙降生，升妃之父官，仍赐官属钱"的故事，"寿福永昌"就流行开了。

当年释读契丹文完全是猜测，是用所谓的"以已知推未知"，当时能把钱文猜到自圆其说的地步确实已属不易。

笔者称该钱为"寿福永昌"也已二十余年，只是到去年开始才渐渐发现该钱译文的漏洞。笔者感到的漏洞之一是，从我们翻译考释契丹文的实践得知，契丹文钱文多是汉语音译词，尤其是祈语钱更无一例外。当年契丹文专家说该钱文是契丹本族语而非汉语音译词的论点是荒谬的。漏洞之二是，穿左之字音意都和"昌"毫不搭界，所以它的意译再纯，都是无本之木，无源之水。经检索比对当代已译出的

契丹小字，穿左之字，应为"德"，而非"昌"。钱文的真实的直译应是"寿长福德"（顺读），"福德长寿"（对读）。

汉文钱"福德长寿"，是验证契丹文"寿长福德"钱的标准，因为有了汉文钱"福德长寿"铸制，才有契丹文"寿长福

"福德长寿"背月铜钱

"福德长寿"背月当十大钱

德"钱的诞生。契丹文"寿长福德"钱，实际就是汉文钱"福德长寿"的契丹语音译钱，其正确序读亦应是"福德长寿"。

汉文钱"福德长寿"，已被历史和出土钱币证明是祝寿之钱。天皇帝耶律阿保机曾在太祖六年（912）和元赞元年

（922）在楚王马殷60岁、70岁两次大寿之时。遣使携礼给马殷祝寿，活动已被出土文物证实，20世纪70年代长沙楚墓出土的"千秋万岁"，"乾封泉宝背福德长寿"大铜钱，已被东北出土的众多同模钱证明是辽铸聘享祝寿钱。

"福德长寿"祝寿钱能给外国帝王祝寿，也一定用于本国皇帝寿诞庆祝，辽境内发现的多种"福德长寿"钱就证明了这一点。依汉文钱资源铸造的契丹文"福德长寿"，亦应当也是给皇帝祝寿之钱，本文所附的一枚折十小型银钱就证明了这一推测。目前，存世的契丹文"福德长寿"钱、有小平面"神册花押"光背钱、小平"福德长寿"光背钱、折十小型"福德长寿"光背银钱、"乾元利贞"背契丹文"福德长寿"折十型铜钱、"福德长寿"光背折十型钱、契丹小字"福德长寿"背

"乾元利贞"背契丹文"寿福永昌"

契丹大字"神册花押"折十大型钱六种，是存世契丹文钱币中一个较大家族。

六种钱中有两种钱文明示了契丹文"福德长寿"钱首铸的时间。"乾元利贞"背契丹文"福德长寿"折十型铜钱，告诉人们该钱首铸时间，在907年耶律阿保机登上天皇帝宝座第一个圣诞之时。钱文"乾元利贞"为证。"乾元"一词取自《易·乾》：

大哉乾元，万物资始，乃统天。

孔颖达疏：

乾是卦名，元是乾德之首。

朱熹本义：

乾元，天德之大始。

《陈书·高祖纪上》：

大哉乾元，资日月以贞观；至哉坤元，凭山川以载物。

《晋书·后妃传下·孝武定皇后》：

契丹"寿长德福"铜镜

德配乾元，恭承宗庙，徽音六宫，母仪天下。

都是借易卦说天朝初始之时，天皇帝的契丹帝国犹如太阳，万物资始，大德治国开始施行。"乾道变化，各正性命，保合太和，乃利贞"，这是对"利贞"的解

"福德长寿"背"本命元神"肖蛇鎏金钱

"福德长寿"背"本命元神"肖虎铜钱（拍卖品）

释。天道的变化长久保持"太和"状态，而万物各得其性命以自全，这就是"利贞"了。在明示铸制时间的同时不忘宣传天命教化黎庶。

另一种契丹小字"福德长寿"背契丹大字"神册花押"折十大型钱，明示此种大型钱铸造于神册元年是为庆祝神册年天皇帝圣诞之庆而特制之，有金牌（牌面文

"福德长寿"背"本命元神"肖狗铜钱（拍卖品）

"福德长寿"背肖鼠铜钱（拍卖品）

字尚未破译）背"神册"铭文为证。此"神册"信乃"胡书"，而非契丹大字。神册两旁之花与银锭应是天皇帝之御用花押，此符号曾载宋王易《燕北录》，所记辽国七十二道银牌之上，足证他们是天皇帝权力的象征。

无论太祖元年（907）还是神册元年（916），摆在阿保机面前的都是一次比一次更大的挑战。907年他挑战的是自己的家族，如何把小家的轮流坐庄式的世选制改造成中央集权的世袭制大一统。为此他付出了沉重的代价。916年，阿保机向世界发起了挑战，他要在华夏地区建立起一统天下的伟业。他仅成功了一部分，就撒手人寰，"壮志未酬身先死，常使英雄泪满襟"。阿保机，他虽没统一华夏，但他成就了一个威镇东方二百余年的大契丹，为世界留下了一个神秘的契丹文明，他是契丹的民族英雄，更是中华民族的英雄。

"福德长寿"钱无论汉文契丹文都比较稀缺，其中有很多大珍品级钱币。如金银钱，契丹汉双语钱，特大型背龙、背龙凤、背五男二女钱，五种书体五套每套十二枚的十二生肖套子钱更为珍奇。目前，国内外尚未见到能收集一套完整者。

东丹国"承天甘露"钱蕴含的父子深情

契丹皇帝痴迷于铸造纪念性钱币，无论开国、建元，还是帝后生辰，亦或祭天、祭山、祭日、祭祖、祭孔等国家祭祀，以及逢年过节，甚至礼佛参道，都要铸造一些纪念性钱币，供仪式使用和颁赐给臣民。其实，在这广铸纪念币的背后，是契丹太祖为后代子孙定下的"化祖为神，化家为国"宣传教化百姓的"愚民政策"在起作用，目的无非使百姓相信是

东丹王出行图

"天授神权"给了耶律氏和萧氏。

契丹开国皇帝阿保机把东汉末年檀石槐时期流传的回鹘族、突厥族的"白马青牛神人创造回鹘"的神话和"阴山七骑与赤娘子创造突厥"的神话予以改造，把白马天神、青牛神女化成契丹始祖奇首可汗与可敦，建国后阿保机把自己神化为天神、太阳神，自称"天皇帝"，故天皇帝的子女都是天神的后裔，特别是皇太子耶律倍更被赋予了许多神圣光环。如阿保机在自己称"天皇"、妻子称"地皇"外，另尊古俗把皇太子耶律倍封为"泰皇王"，居所有臣民之上。天显元年（926）灭渤海国后的不到半个月，册封耶律倍为"人皇王"，令其着天子冠服，管理由渤海国改成的东丹国。这样做的目的是向天下宣布：耶律倍是我的唯一接班人，如国内有人反对，人皇王可倾东丹举国之力剿灭之。

此时的耶律倍已不是"光杆司令"般

契丹小字"承天甘露"金钱

的皇太子，更不是徒有虚名的"泰皇王"，而是背后有五京十六州土地臣民、手中握有几十万军队的名副其实的实力派，除天皇帝、地皇后之外的国家三把手。面对父亲对自己的眷顾和特殊信任，人皇王耶律倍怎能不对天神般的父亲从心底发出虔诚感激之情？胸怀万卷书的他，怎会不视父亲的安排犹如天之甘露滋润他的心田？此情此景，自然而然地迸绽出一个响亮的年号"甘露"。

在铸造东丹国主人皇王"王信"钱"甘露元（通）宝"钱的同时，铸造了一种"承天甘露"的感恩钱敬献给父亲天皇帝、母亲地皇后，衷心感谢他们把甘露赐给自己，赐给东丹臣民，赐给整个契丹。

目前，传世仅见契丹小字"承天甘露"金钱一枚，钱径47.35毫米，穿径10.75毫米，厚3.51毫米，重60.7克，含金量98％。钱文作右旋读，汉意为："虔诚地承接天皇帝赐予的如甘露般的恩泽。"

面对父慈子孝的场面，天皇帝对人皇王的百般呵护，恐怕当时的天下人都会为人皇王在天皇帝百年之后一定会顺利接班感到欣慰、感到庆幸。孰不知此时，在天皇帝身旁一个漂亮的女人心里对丈夫的安排充满不满，她就是阿保机的妻子、耶律倍的母亲——地皇后述律平，她为了使更符合自己心意的二儿子兼佳女婿获得皇位，正在窥测时机，一个精心设计的逼耶律倍禅让的计划正在慢慢形成……

一对契丹大字金质对钱的推测

这对契丹大字金钱是天津泉友的藏品。钱的材质特别细腻，有别于此前笔者考释的全部契丹文字钱币，它应是经过特殊精炼的贵重金属铸制。钱分背日与背月两种背饰，背日钱穿上还铭铸一个契丹小字"（将左旁，右去口，换十字）"。

背日钱径59.97毫米，穿9.84毫米，厚4.24毫米，重174.3克；背月钱径60.52毫米，穿11.05毫米，厚4.39毫米，重168.3克。经权威检测，两钱含金量为83.5%，含银量为16.5%。两钱包浆润泽厚实，锈色鲜艳坚牢；轮廓工整精细，钱文雕刻如斩；轮廓地张均经认真修整，光洁如玉。

钱文释读费了近半年的时间，9个字在契丹大小字资料找到不算难，难的是找到它的准确读音和含义，以及这个字在不同的地方不同的用法下它可能的读音字义，与指代通假、转借情况下音义的变化。我们把九个字可能的排列组合，反复用上千个可能有

契丹大字"敕封国舅帐"特大金钱

关系的词试验，找出较为符合逻辑的组合，再筛选出与契丹官制政治制度符合的排列，进行比较，最后确定了两个我们觉得还算符合历史事实，有旁证有史籍支持的释读。

背日钱四字钱文按穿下、穿左、穿右、穿上的次序读，读作"封国舅帐"四字。背穿上一字试译作"敕"。钱文总体意为"敕封国舅帐"。背月钱四字钱文按穿右、穿左、穿上、穿下的次序读，读作"拔里详稳"。从两钱背饰日月看，此对钱应是天皇帝和地皇后共同颁敕的赏封钱。因为此种大圆圈形日纹只在辽太祖时见这一种汉文"千秋万岁背日月十万"钱的日纹。两个圈日一模一样，足证"敕封国舅帐"钱和"拔里详稳"钱与汉文"千秋万岁背日月十万"钱为同一时期铸造之钱。《辽史》史实记有太祖时国舅乙室已和拔里为两帐，太宗天显十年方将皇太后二帐合为"大国舅司"。也证明钱文"国舅拔里帐详稳司长官国舅详稳"只能发生在辽太祖早期。从钱文汉译内容看，两钱文意相连，合起应为一道完整的敕书。即以天皇帝和地皇后共同的名义敕封某某人为"国舅帐拔旦详稳"的官职。

查《辽史·百官志》得知，所谓"国舅帐"即"大国舅司"所掌国舅乙室已、拔里二帐。两帐都是太祖述律平皇后家族，乙室已为述律后生父之族，拔里为述律后母前夫之族。两族又以皇后兄弟分为乙室已国舅大翁帐、小翁帐和拔里国舅大父帐、少父帐。四个国舅帐又称"国舅司"均设有行政管理长

官"常衮"（又称"敝稳"）。同时设有管理军务的"详稳司"其长官即为"详稳"。"国舅帐拔里详稳"应即为"国舅拔里帐详稳司长官国舅详稳"的简称。

后族是契丹帝国的基石，通过与耶律氏的世代联姻，耶律氏与述律氏成为血乳交融利益不可分割的政治共同体。耶律氏自称"天神裔族"，封述律氏为"地祇裔族"，把国家定为上天下地、皇天后土的"天朝"。辽太祖耶律阿保机被奉为太阳（日）神，述律平被奉为月亮（月）神。并自建国起将日月纹作为帝后的象征铭制在一切与帝国有关的物品上，帝国宝货钱币（王信）是最主要铭刻最多的物品。

后族是奚族的一支，把后族拟于国族，即把奚族团结到了皇室一边。《辽史·百官志》载：

辽太祖有帝王之度者三：代遥辇氏，尊九帐于御营之上，一也；灭渤海国，存其族帐，亚于遥辇，二也；并奚王之众，抚其帐部，拟于国族，三也。有英雄之智者三：任国舅以耦皇族，崇乙室巳以抗奚王，列二院以制遥辇是已。

从以上资料，已可见对钱所封"国舅帐拔里详稳"一职，在契丹政治博弈中的重要位置。正因为重要，才得到朝廷超乎寻常的重视，不仅采用特制币材、精工镂雕，而且钱文继开国钱"天朝万岁"后，第二次使用了"国字（大礼之字）"铭钱，天皇帝耶律阿保机和地皇后述律平还破天荒第一次联袂给臣下颁官。

契丹大字"北里详稳"背月特大金钱

"国舅帐拔里详稳"并不是南北院大王一样重要的大官，此时此刻为什么会获得皇帝皇后联袂赏封的殊荣？这种殊荣应是天皇帝耶律阿保机和地皇后述律平，在危难降临前夕的一种精心策划的政治布局，是一个安定国家战胜危难的战略决策。

太祖五年（911），诸弟对太祖要实行中央集权的世袭制的行为的不满已达一触即发状态，战争随时可能爆发。两方力量对比，势均力敌。诸弟一方掌握着迭剌部大部分兵权，皇室大部分人站在他们一边，包括皇太后和太巫神速姑。耶律阿保机虽有战斗力最强的腹心部和智囊团，以及地皇后述律平的属珊军，但如果不安抚好遥辇九帐，国舅两帐，胜负随时可以逆转。

为此，阿保机和述律平与智囊团精心挑选了各重要岗位的人选，将遥辇九帐、国舅两帐的军队紧紧地掌握在忠于天皇帝和地皇后人的手里。为皇帝腹心部放手镇压敌对势力，提供安全的后方支持奠定了坚实的基础。

任命"国舅拔里帐详稳司长官国舅详稳"应是在诸弟叛乱前的太祖四年（910）底前后，是天皇帝阿保机和地皇后述律平以不变应万变决策中的一环。因为被任命人是临危受命，所以朝廷打破常

"千秋万岁"背"十万"日月铜钱

"千秋万岁"背"大辽"日俯月星铜钱

规，以特殊的礼遇对待这些忠臣。

经过三年（911－913）苦战，诸弟发动的三次叛乱，被彻底平定，而此期间遥辇九帐，九部奚包括国舅两帐无人参加叛乱，并协助腹心部平乱立下战功，使中央集权的世袭制得到确立，并终于在916年正式建立了中央集权的契丹帝国。回顾这段历史，抚摸这两枚当时历史的见证，我们不能不佩服这位契丹的民族英雄阿保机的远见卓识，泰山崩于前而不惧的胆识，决胜千里之外的军事才能。

这两枚钱是中国最早的皇帝皇后共同颁敕的赏封钱，是中国最早的一枚契丹大小字同铸一枚钱上的国家铸钱币，其珍贵之处不可尽数。

应天皇太后时期

一枚祭祀天皇帝钱币背后的故事

《收藏界》2006年09期有一篇题为《"主"字厌胜钱未解之谜》的文章，作者讲的是自己收藏的一枚特殊的厌胜钱：

此钱直径55毫米，重50克。黄铜质，包浆熟旧，磨损自然。钱面残留有珐琅彩（笔者存疑），放大镜下显见褐红色彩层（笔者存疑）。

从图片看，此钱的正背面都有图案。按作者描绘说，正面左右各有两个童子在屋前对立站着，童子腿偏下位置夹着

契丹文"主"图案钱

一个"主"字,字体扁平,略带隶意;钱背铸一只雄鸡(笔者存疑),肉冠高耸,雄姿威猛,恰似一幅栩栩如生的剪纸画。

作者认为,从包浆和磨损程度上看,不像新仿铸品;从厌胜钱的种类分析,又不像传统的厌胜钱。此钱到底归属何类?

作者从钱币风格观察,推测该钱似清末私铸厌胜钱风格,又推测是否也属谜语钱。

经仔细考证,笔者认为这枚钱是一枚珍贵的契丹人在石房子祭祀天皇帝阿保机的"祭祀钱",绝对不是什么"清代私铸厌胜钱"和"谜语钱"。

钱面穿上是一座建在石基上的房子,房子左侧是三层的远山,房子内有一个大床榻,上仰卧一盖被之人。穿右两个人,右上者头戴乌纱冠帻缨,右下者头戴幞头,二人均作向前上方注视

契丹萨满教祭天图折十厚重型镏金钱

状。穿左,从左至右有三个女眷鱼贯而行,左数第一人头被戋缘遮住,只见匆匆向前的背影;中间第二人为向前行走回首之人,似向身后之人打招呼。此人头上无帽,只见乌云满首,眉清目秀,下半身隐没于人群中;紧靠穿右之第三人应为女眷中主角,头戴卷帕,身着绣有图案之锦衣。画中五人均作撩袍端带样子,向左上方显然是向穿上房子前走去。穿下一契丹大字,也可称为契丹天皇帝御用花押,大大的一个"主"字,这个字可汉译为"皇帝"一词,也可译为表示皇帝圣令的"敕"字,这里意义当是前者。

契丹哪位皇帝死后停灵在山中房子里?只有天皇帝耶律阿保机死后曾"权殡于子城西北"(《辽史·太祖纪》)祖山上的石房子里。石房子是太祖东征渤海病逝回到祖州时的停尸房。因为契丹有停尸的习俗,少则数日,多则数月。其中石房子是阿保机的停尸之所的说法,最为可信。因为在1995年的阿鲁科尔沁旗宝山辽墓中曾出土过一座与祖州石房子结构完全相同的石房子,而宝山石房子正是用来停尸的。阿保机陵竣工尸体下葬后,石房子改为太祖庙用于祭祀拜容之用,亦是萨满教旨"万物皆灵"所规定的做法。太阳神天皇帝使用过的一切必定更具神力,将停放太祖圣体的石房子改为太祖庙,应是契丹朝野上下一致的想法和行动。(见笔者拙作《神秘的石房子图说》和附图禘祭钱)

钱面所描写的场景就是群臣、命妇诣山陵（石房子），行初奠天皇帝之礼的情况。

钱背的图案是进一步说明"祭祀天皇帝"主题的重要内容。背环穿雕刻了一只断腕老凤，设计者为突出"断腕"，在老凤的右肩设计了臂膀，并将肘至腕部垂直于穿口，突出显示了腕部以下的消失。老凤头颈夸张，老凤大眼显示的冷酷狡诈溢于言表，使观者不寒而栗。整个老凤仅突出显示了凤的头颈和右臂，身子与凤尾均简略处之。这种设计可谓别具匠心，令人不能不拍案称奇。这种大嘴凤辽凤宛然，至国灭而未变，亦为辽代凤纹断代的标准形态之一。这种凤形在辽钱中多见。

"老凤断腕"发生在契丹"断腕太

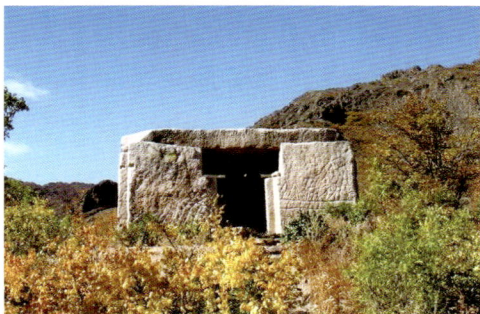

契丹族祖山石房子

至此，已可确知此钱面图案人物并非"童子"，而是一群络绎上祖山石房子吊祭天皇帝的契丹官员和命妇。《辽史·礼志二》"凶仪·丧葬仪"曰：

至祭所，凡五致奠。太巫祈禳。皇族、外戚、大臣、诸京官以次致祭。翼日诘旦，率群臣、命妇诣山陵，行初奠之礼。

契丹大字"天朝万岁"周16小字背飞凤钱

后"应天皇太后述律平身上，这就为本钱断代提供了可靠依据。天显元年（926）七月，阿保机死于扶余府，述律后称制，奉阿保机灵柩返回上京。《辽史·太宗纪》称：

> 人皇王倍率群臣请于后曰："皇子大元帅勋望，中外攸属，宜承大统。"后从之。

似乎禅让皇位是由太子倍与群臣共同自愿提出，述律平仅是俯循舆情而已。其实不然，这次的权力交接充满血雨腥风。

述律平篡改天皇帝命太子承继大统的遗嘱，改立自己中意的次子耶律德光，但她的意见并不为全体契丹贵族所认可，反对者大有人在。对于持不同意见者，利用契丹的"人殉"旧俗，以残酷的手段打击耶律倍的支持者。在主持阿保机丧葬仪式时，她以"为我达语于先帝"的借口，令一些不易驾驭的人为阿保机殉葬，"前后所杀以百数"（见《资治通鉴》卷

契丹萨满教祭天图鎏金钱（拍卖品）

二百七十三）。最后，轮到平州汉人赵思温，思温不肯，述律平说："汝事先帝亲近，何为不行？"思温答："亲近莫如后，后行，臣则继之。"述律平以"诸子幼弱，国家无主，不得往耳"为辞推托，只好"断右腕纳于柩"（见《契丹国志》卷十三《太祖述律皇后》）。这就是"太后断腕"的由来，并著称于史。《辽史》称其"欲以身殉，亲戚百官力谏，因断右腕纳于柩"的记录，与史实恐未必相符。

仔细观察知背图描绘非鸡乃凤，并隐诉了应天皇太后断腕的故事。经与史籍印证无误，即可断此钱是应天皇太后在天皇帝死后于皇都权殡之所石房子，主持最后一次祭奠仪式时所铸的祭祀钱。时间应是"天显二年八月丁酉，葬太祖皇帝于祖陵"之时。铸钱目的一是纪念天皇帝下葬进谥"圣元皇帝"，二是纪念地皇后断腕殉夫的贞烈行为以教化众民。

最后应指出《"主"字厌胜钱未解之谜》作者的错误，"主"字钱材质绝不会是明嘉靖后才出现的"黄铜质"，可能仅是铜色微黄的青铜钱，或是微含黄金白银的合金钱，或是炉甘石冶炼的含锌的"瑜石钱"。不能一见色黄就认为是明清"黄铜钱"。作者所谓的"珐琅彩"、"褐红色彩层"，肯定是将钱上所生琉璃质样红锈误以为是"珐琅彩"了。

这枚"主"字祭祀天皇帝钱，是目前已知最早的可以准确断代的契丹早期钱币之一，是一枚以国家名义进行祭祀先皇大礼仪式的典礼钱，应和"天子乘龙，九州

同庆"钱铸造时间相近。它补充纠正了史籍上应天太后杀诸臣断己腕的时间谬误，准确地把时间限定在天显元年（926）九月至天显二年（927）八月的十一个月里，是珍贵的契丹珍品钱。

"助国通宝"阴文异书祭祀钱背后的阴谋

笔者收藏有一枚契丹阴文祭祀钱，包浆温润似玉，手感柔嫩，形制严整，雄浑厚重。钱径近60毫米，厚约5毫米，重近90克。该钱发现于在黑龙江省宁安县东京城遗址，辽代东丹国国都。

"助国通宝"阴文异书祭祀钱

这是一枚契丹阴刻异文钱，应和辽太祖耶律阿保机之死有关的钱币。据推测，这是契丹太子、人皇王、东丹国国王耶律倍在得知父亲升天的噩耗后，在为父亲铸修山陵钱币开炉时祭祀火（炉）神时铸造的祭祀钱。

欧阳修《新五代史》载：

人伦灭绝，上下交征利，君臣逞欲，贿赂公行，残民以佞其上，美其名曰助国。助国云者，当日之本语，盛行于一时者。

指出献钱助国是五代时特有的一种社会现象，亦是地方政府向中央朝廷献贡纳币的一种形式。当时有献钱助作山陵的，有献钱添置帝都马匹的，有献钱贺皇帝登基的，有献钱助军队出征的。进献的钱，有铜钱，有金银币，一律称作助国钱等。《辽史·圣宗本纪》记载有统和元年（983）正月，皇妃、公主、皇子及文武官员为辽景宗进献助修山陵费用钱的事。

在自己亲生父亲辽太祖驾崩后，耶律

"助国元宝"小平铜钱（拍卖品）

倍从东丹国进钱以助国家为父皇修建山陵，是既合乎孝道，又符合当时习俗，更是属国必须要做的分内之事。东丹国盛产金、银、铜、铁矿，又有自己的铸钱机构，以流行于当时的时髦语"助国"作为钱文，既可区别于一般地方向朝廷进献的钱，又表明了东丹国特殊的政治地位。进献"助国元（通）宝"钱，是东丹国君臣根据本国的情势，精心策划制作的助国钱。天显元年八月，耶律倍自东丹奔丧时可能就解送了部分助国元（通）宝新钱至皇都，以助辽朝廷修建祖陵之需。

耶律阿保机于天显元年（926）秋七月辛巳驾崩于扶余府行宫。第二天，述律平地皇后称制，权决军国事。"二七"过后（甲午），皇后奉梓宫西还。八天后讨平叛乱诸州的皇子、天下兵马大元帅耶律德光赶上皇后西还队伍。又两天后，在天福城的东丹国主、太子人皇王耶律倍也赶上奉梓宫西还的队伍。

没去平叛的耶律倍为甚么在父亲死后二十四天才赶上奉梓宫西还队伍？原因就在于他在接到报丧信讯后，可能根据母命或当时惯例，立即筹措开铸助国家修筑父皇山陵钱。在赶铸出第一批"助国元

应天皇太后述律平

（通）宝"钱后，他亲自押运这些钱追赶奉梓宫西还队伍，以至比耶律德光还晚到两天。

纵观辽代历代嗣君，都是在先皇驾崩当天灵柩前即皇帝位的事实，联系述律平在太子已成人的情况下竟自行称制的行径，可以推测这是应天地皇后述律平为撤换嗣君而精心策划的一次特殊的"宫廷政变"。为了迟滞法定储君在先皇灵柩前即位的脚步，述律平挑选了一个冠冕堂皇的理由，让耶律倍筹措铸造助国家修筑父皇山陵钱，并亲自押解这些钱到皇都。作为人子、嗣君、臣下，这个理由对耶律倍来说就是枷锁。在给太子戴上紧箍咒的同时，述律平伪造遗命自行称制，把军国大权篡夺在手，为政变成功铺平了一切道路。

述律平凭此妙计，争取了时间，把阿保机生前为保证耶律倍登基而做的努力一一破坏，首杀守太师、政事令、辅东丹王叔寅底石，再逼反忠于东丹王的卢龙军节度使卢国用投唐，继而杀受命辅弼太子的南院夷离堇耶律迭里和郎君耶律匹鲁等一百多位支持人皇王继位的文武大臣。再使东丹右次相耶律羽之成为监督东丹国臣民的特务，终于使耶律倍成了孤家寡人，不得不为述律平的淫威所摄服，乖乖就范于她的面前，口是心非地主动让皇帝位于耶律德光。

这枚阴刻异文的"助国通宝"开炉祭祀钱，应该就是见证应天地皇后述律平用"为父亲献铸助修山陵钱"诡计，束缚耶律倍与朝中辅弼大臣在太祖灵柩前会面登基的证物。钱应该是开铸"助国元（通）宝"的开炉祭祀钱，因此时东丹国上下都已经知道天皇帝乘龙升天，铸钱是为帮助宗主国契丹修筑太祖的山陵，所以这枚钱从设计到制成都采用了前无古人的独特方式制作。

首先它不是整体铸造而成，是用人工雕刻剔地技法在锤锻好的特制的圆形铜板上完成。铜板的材质是什么合金？因我本人没有亲自拿它去化验，所以不敢妄猜，至于在我之前的钱主人化没化验它我不知道，但钱上留下的三个取样钻孔说明它曾被蹂躏过三次，虽然结果不得而知，但可肯定地说此材绝不是普通的三元青铜，而是含有某些贵金属或微量稀有金属元素的合金。它历千年岁月洗涤而无丝毫锈迹，任风霜雨露冲刷而无半点腐朽，足见它本质的高贵精良。

雕刻技法采用阴刻是说明钱的用途，是为助国家修筑阴宅而用。为进一步表现帮助宗主国契丹修筑太祖的山陵的主题，设计者把四字契丹文钱文都设计异化成山陵各部分图形。穿右"助"字应为陵区全图，两山口进去是奉陵邑和突兀的宝顶，外围八字城垣，下为地陵图形。穿左"国"字图形，应是陵墓主人的祭祀大殿。穿下"通"字，应是地宫的进出墓道及墓室的平面图。而穿上的"宝"字应是墓主人的主墓室。当然，这只是设计者的艺术创作，而非辽太祖陵的真实图形。因为制作此钱当时辽太祖刚咽气不几天，陵墓设计大约还未完成。

钱币上采用此种民族文字异化图形作为钱文，在近三千多年的中国钱币史上应是前无古人后无来者的唯一一枚，更何况它见证了中国历史上的一个重大事件，其历史价值、文物价值、艺术价值，在中国钱币中还未找到能与其媲美的钱币。

从钱背图案谈契丹人的日月崇拜

日月崇拜在中华民族的信仰中，具有特别重要的意义，它对于塑造民众的信仰产生过重大影响。考古发现证明，自新石器时代开始，中华大地各个民族就已经盛行日月崇拜。

作为自称"天神裔族"的契丹族人，对日月的崇拜比其他民族更具神秘性和现实性。因为契丹人把日月崇拜和对皇帝皇后的崇拜结合为一体，把对日月的祭祀具体化为祭天祭祖祭各代皇帝皇后。辽代人将日视为人间帝王，顶礼膜拜，太阳与皇帝的出生死亡密切相关。《辽史》记太祖出生时：

初，母梦日堕怀中，有娠。及生，室有神光异香，体如三岁儿，即能匍匐。（《辽史·卷一·本纪第一》）

太祖在契丹人眼中，即为上天之子。辽代的拜日仪式中，即包含了对契丹祖先、帝王的忠诚与仰慕。《元史》记辽亡时，有库烈儿：

誓不食金禄，率部落远徙。年九十，夜得疾，命家人候日出则以报，及旦，沐浴拜日而卒。（《元史·列传第三十七》）

用拜日的方式表达自己对辽帝最后的忠诚。《辽史》中亦记道宗耶律乙辛：

幼慧黠。尝牧羊至日昃，迭剌视之，乙辛熟寝。迭剌触之觉，乙辛怒曰："何遽惊我！适梦人手执日月以食我，我已食月，啖日方半而觉，惜不尽食之。"迭剌自是不令牧羊。（《辽史·卷一百一〇·列传第四十·奸臣上》）

"日"的形象，无疑指的是帝位。乙辛"啖日方半而觉"，隐藏着他日后为篡夺皇位而迫害萧后（食月）、逼杀太子（日半）的阴险行为，和他阴谋终未得逞的谶言。

把日、月定为天皇帝、地皇后的化身，并纳入国家礼仪和国家宗教信仰体制的是辽太祖阿保机和他的妻子述律平及其后继者。阿保机的亲信编造了一系列"太祖母梦日坠怀生太祖，神光属天，异香盈幄"；"三月能行，晬而能言，知未然事"；"神人翼卫"；"梦受神诲，龙锡金佩，金铃册圣"等神话，把阿保机神化成"天帝之子太阳神"，推上神坛。皇后述律平也被神化了：

尝至辽、土二河之会，有女子乘青牛车，仓卒避路，忽不见。未几，童谣曰："青牛妪，曾避路。"盖谚谓地祇为青牛妪云。

907年春正月庚寅，耶律阿保机和述律平顺理章地登上了天皇帝和地皇后的宝座，同时也被神化成太阳神与月亮神而被推上萨满教的神坛。为了使社会各阶级人民都知神、懂神、敬神、信神，阿保机和

耶律倍（李赞华）作《秋林群鹿图》

契丹文"大丹国宝"背上月下星合金钱

他的追随者把当时可以利用的一切宣传教化手段都用来进行造神活动。其中尤以帝国"王信"——钱币，最受阿保机的青睐与老百姓的欢迎。自"万岁三钱"起，背饰的星月纹，就固定成了天皇帝与地皇后的标记与化身。

阿保机死后，耶律德光在母亲述律平的支持下登上了天皇帝的宝座。为了把父母开创的造神运动推向顶峰，他在皇都和祖陵先后建设了"日月宫"、"二仪殿"、"日月碑"，"九层台"、"日月四时堂"、"太祖庙"等建筑，组成了一个以日月宫为主，旨在祭祖先、拜日月的建筑群体，使祭祖先拜日月的仪式环境，更具庄严肃穆的氛围，更具神秘感。

从太祖皇帝、皇后的"宴寝之所"改称"日月宫"，继而成为实质性的"太祖庙"，以及"二仪殿"、"日月碑"、"日月四时堂"等附属建筑配置的流变过程，可以看到契丹人将太祖耶律阿保机不

断神化的轨迹，乃至抬到"九层台"这一致高无上的地位。这些都反映了契丹加速封建进程的需要，也是辽政权在太宗朝不断得以巩固的象征。

自太宗朝把日、月作为太祖、太后祭祀后，祭日月礼仪亦成为祭太祖、太后礼仪，一切与日月、祭祖有关的礼仪也都融入祭太祖太后礼仪。钱币上日月图案的使用，作为表现天皇帝、地皇后形态象征的特殊标记，亦在太宗朝得到了规范。其规定应主要有：一、钱币上的日月纹只反映当代天皇帝、地皇后（包括太后、太皇太后）的情况。二、日月纹在钱币上的不同位置应反映当时皇帝皇后（包括太后、太皇太后）权位的真实情况。辽代钱币上的日月纹，可以说就是辽代宫廷皇帝家真实情况的一本连环图画，许许多多史籍不载的皇室秘闻大多可从钱币上的日月纹的位置读出。

契丹两种流通行用钱"通行泉货"和"千秋万岁"，二十二种年号钱自"神册元（通）宝"至"保大元（通）宝"，两种国号钱"大丹元〔国〕宝"和"大辽元（国）宝"，所有国号年号钱自"大辽神册"至"大辽保大"，两种国号祈祝钱"大丹万年"、"大辽万年"，所有年号祈祝钱自"神册万年"、"保大万年"，均铸有背日月纹钱。不仅汉文钱，契丹文钱也是如此。这里展示的两对契丹文"大丹元国宝"钱，就以确凿的实物证据证明了这一点。

契丹文"大丹元宝"合金钱，合金

契丹文"大丹国宝"背上月下星银钱

材质制成，径47.97毫米，穿9.38毫米，厚4.93毫米，重49.5克；契丹文"大丹元宝"银钱，白银材质制成，径47.93毫米，穿9.55毫米，厚4.93毫米，重58.2克。合金钱生褐黄色包浆，钱文和穿部根部，生微量紫黑色硬结锈。银钱通体生厚实紫黑色银锈，穿郭字上锈稍薄自然磨损处可见银白钱体。地章上锈层较厚严实润泽。钱文均为四个契丹小字，右旋读（上右下左）汉译为"大丹元宝"。两钱背穿上均有一月孕星纹，仰月纹巨大，怀抱中的星纹却很小。

这个月孕星纹很特殊，在契丹星月纹钱中绝无仅有。它反映了在二百多年契丹历史中仅有的一段史实，皇帝幼小，太后权力很大但后族单弱。那就是景宗死后，儿子耶律隆绪继位的乾亨四年（982）九月的真实情况。当时耶律隆绪年仅十二岁，称制掌权的母亲大萧绰（萧燕燕）也才三十岁。皇后娘家父

母双亡，两个姐姐分别嫁给了觊觎皇位的亲王，无亲兄弟，只有一个过继来的堂兄主持后家。这种情况反映在钱币的星月纹上就成了这种月瘦星小的孕星纹。统和元年（983）六月甲午，国号从"大辽"改回"大契丹"。为庆贺新皇登基，太后获尊号，国号变更，庆祝典礼，特铸了此孕星钱赐予大臣，让他们时刻认识到目前形势的危急：

母寡子弱，族属雄强，边防未靖，奈何？

以此激励辅弼大臣忠心辅国。

契丹文"大丹国宝"合金钱，合金材质制成，径48.25毫米，穿10.48毫米，厚5.92毫米，重48.25克。契丹文"大丹国宝"银钱，白银材质制成，径48.15毫米，穿9.99毫米，厚5.05毫米，重58.9克。两钱与"大丹元宝"同坑出土，所以锈色包浆形态相近。钱文亦为四个契丹小字，右旋读（上右下左）汉译为"大丹国宝"。两钱

契丹文"大丹元宝"背孕星合金钱

背穿上均为一巨月，穿下均为一巨星纹，仰月纹巨大，穿下的星纹亦很壮大。

铸上月下星纹钱时期，在辽代曾出现三次，即都是皇太后掌权而儿子皇帝未能脱离母亲的影响的时期。他们是天显元年（926）七月至天显二年（927）十一月称制的应天皇太后与儿子辽太宗耶律德光；乾亨四年（982）九月至统和二十四年（1006）十一月称制的承天皇太后与儿子辽圣宗耶律隆绪；太平十一年（1031）六月至重熙三年（1034）五月听政的法天皇太后与儿子辽兴宗耶律宗真。三次虽都有可能铸此种上月下星纹，但实际情况应该还是有区别的。

应天太后称制时德光还没登上皇帝宝座，所以应天上月下星钱星应指的是太子耶律倍。若德光成皇帝后太后应不称制，月的大小应有所收敛。故应天太后可排除。法天太后听政，儿子支持，但兴宗年仅十五岁，可以铸上月下星钱，但下星不会是壮星。承天太后统和二十二年（1004）澶渊之盟签订后，可说功成名就，事业达到了人生顶峰，儿子已三十四岁进入壮年，在母亲的培养下早已学会处理朝政。只有此时的承天母子完全符合上巨月下壮星的情景。加上国号钱一般铸在改国号初期，此两枚国宝钱与元宝钱同坑出土，铸造时间应大体不远。故可推知，此种上巨月下壮星的钱，应是承天太后归政于圣宗时，所铸庆典钱。时间应在统和二十四年（1006）冬十月庚午朔。

从以上两对钱的赏析，可以看到契丹人对日月的崇拜已不只是祈求日月神的保护，而是把日月神（皇帝皇后）所处位置，喜怒哀乐直接摆在百姓面前，让老百姓了解他们，亲近他们，从心里尊崇他的。这样的做法取得了意想不到的效果，契丹人视皇帝皇后胜过神明，认为只有他们才能为百姓带来光明和温暖；只有他们才能驱走恐怖的夜魔。百姓以皇帝皇后铸制的钱币为最具神力的"圣物"，忠君爱国，孝悌睦友的思想也越来越深入人心，对延续耶律氏的统治起到了巨大的无可替代的作用。

辽代崇拜日月的习俗，反映了辽代统治者希望把他们建立的政权纳入中华正统文化的框架之中的观念。他们把原始崇拜日月的风俗大胆地加以改造，把儒家的道德观、天命观，道家五行、阴阳、八卦思想，佛教的轮回、业报、修来世等，和民俗杂糅混合成一体，既表现了对优秀文化

契丹文"大丹元宝"背孛星银钱

的继承，又表现出对本民族的体认。新的契丹的崇拜日月文化风俗沟通了人与神祇的联系，表现出人们的渴望与希冀，安慰着下民需要抚慰的心灵，寄托了对祖先的崇敬与怀念。它以广泛的民俗形式存在，

反映的却是一个民族自古而来的深刻的文化传统。辽的崇拜日月由宗教文化、民间文化向制度文化转变的过程，应引起人们的重视和深入研究，因为它是中华文化重要而缺乏研究的一部分。

辽太宗时期

"大辽寿永"钱背上的"皇帝升天图"

契丹文"大辽寿永"背"皇帝升天图"特大型金钱，笔者认为画面主人是天皇帝耶律阿保机，并为该钱图案主题命名为"天子乘龙，九州同庆，万民咸服"。这里引用契丹人当时称颂耶律阿保机的话"龙辔排霄而高驾"（《兴宗仁懿皇后哀册》，

刘凤翥等著《辽上京地区出土的辽代碑刻汇辑》）、"九五龙飞之主"（《韩匡嗣墓志铭》，香港《中国文化研究所学报》第9期）、"升天皇帝"（《辽史》，中华书局版），说明"皇帝升天图"钱是特别为庆贺天皇帝耶律阿保机升天而铸。

这枚特大型契丹文"大辽寿永"背"皇帝升天图"金钱，形体硕大厚重，粗

契丹文"大辽寿永"背皇帝升天图金钱

犷的契丹气息扑面而来。未仔细鉴赏，远观即显现出一种摄人魂魄的艺术震撼力，它是那样的富贵典雅，那样的浑朴拙美，巧妙地把帝王的气质和黎庶的聪慧完美地结合在一起，使该钱既显得雍容华贵，又不失北方游牧民族宽广的胸怀与不屈不挠的铮铮风骨，粗犷而蕴博雅，朴拙而不失精巧，浑厚而更具细腻，实乃辽钱中上上之品。

该钱径57.10毫米，穿9.41毫米，厚5.75毫米，重104.1克。正面是四个契丹小字，按顺读（上下右左），汉译为"大辽寿永"；按对读（上下左右），汉译为"大辽永寿"。两种读序，文意皆通。意思是"大辽国寿命长久"，即"大辽万年"或"大辽万岁"。钱背铭铸的就是鼎鼎大名的"天皇帝升天图"，或称"天子乘龙，九州同庆图"。

既然是"皇帝升天图"，其主题就不可能是谣传的"齐天皇后东巡说"、"鬼九子母说"、"西主母说"、"连中三元说"、"乘龙快婿说"等。其始铸时间天皇帝耶律阿保机去世后祭祀之时，上谥阿保机"升天皇帝"，庙号"太祖"。

"皇帝升天图"应该说是写实的，用图形解释了耶律阿保机死时（升天）的情况："甲戌，次扶余府，上不豫。是夕，大星殒于幄前。辛巳平旦，于城上见黄龙缭绕，可长一里，光耀夺目，入于行宫。有紫黑气蔽天，逾日乃散。是日上崩，年五十五，天赞三年上所谓丙戌秋必有归处，至是乃验。"

至于以九人乐舞代替九州民众庆祝天子归天的场面，虽是艺术创作，但也真实地反映了契丹人的生死观，即死是到另一个世界的开始，即"灵魂不死"。人们乞求死去的先人保护自己，欢送亲人到天国享福。《隋书·契丹传》与《契丹国志·国土风俗》，都记载了契丹"父母死而悲哭者，以为不壮"的丧葬习俗。作为天帝之子的天皇帝耶律阿保机死了，是乘龙归天就任天帝的大喜事，自然要举国上下狂欢庆贺了。九子狂欢从契丹习俗讲，亦应是实实在在的写实之作。

"大辽寿永"背"皇帝升天图"钱制作极其厚重，浑沌朴拙，只有辽代初期铸造有这种风格的钱币。辽中期以后祭祀、赏赐、庆典、教化诸钱，都日趋精整典雅，虽然整体辽风还在，但早期钱那种火辣辣的野性和狂傲不驯的风骨却已消失。辽中后期和辽早期钱币风貌是很容易区别的。能看懂这种风格特征的人，绝不会把"天皇帝升天图"钱看作是辽代中后期钱币，自然也就不会提出该钱主题是"齐天皇后东巡说"、"鬼九子母说"、"西主母说"、"连中三元说"、"乘龙快婿说"等别的奇谈怪论了。

再说耶律阿保机去世一百多年后齐天皇后才出生，乘龙升天怎能和她有关？此时契丹独崇萨满，佛道刚兴，"鬼九子母"、"西主母"，这类低品级俗神尚未得到契丹人认可，她们更没资格进入辽的钱币之中。直到圣宗时才正式开科取士的契丹，天显年间肯定不会有人"连中三元"。

钱文"大辽"是契丹国号。单独称自

己国号为"大辽"的时期，只有辽太宗、辽世宗、辽景宗、辽道宗、辽天祚帝五个皇帝时期。因该钱具辽早期钱特点，根据《辽史》推测，其始铸时间应为天显十三年（938），"大辽"国号始建于天显十三年暨会同元年。建国号必铸国号钱是契丹铸钱的传统。传世的"大辽国宝"、"大辽元宝"、"大辽镇库"、"大辽会同"等汉文钱，也证明辽太宗耶律德光在位时曾大铸带有"大辽"国号的各种钱。从各种环境条件比较，只有辽太宗时才有铸造这种特大型特别厚重的"大辽寿永"背"皇帝升天图"金钱的可能。

此时的辽太宗已创造了不亚于父亲辽太祖开国一样的伟业，将中国北方最富饶的燕云十六州纳入了契丹版图，父亲"一统天下"的宏愿即将实现。在举国欢庆"大辽"建立，一直秉承"继志述事"，

以实现父亲遗愿的辽太宗耶律德光，怎么能不通过祭祀向自己的父亲汇报自己的卓越功绩，乞求已任天帝的父亲护佑自己护佑契丹，早日完成"一统天下"的理想？

为进行这个隆重而神圣的祭祖大典，这种少有的厚重的"大辽寿永"背"皇帝升天图"金钱应运而生。它是辽太宗向自己父亲汇报功劳的祭祀钱，是辽太宗向父亲宣誓要继承遗志"一统天下"的誓言钱。从辽太宗的行动看，他已把原钱仅有的纪念造神祭祖的功能发展到铭誓汇报的政治领城，赋予了新的教化功能。

"皇帝升天图"，为该钱的断代提供了证据，为最终确定该钱为契丹祭祀钱的地位起到了率先垂范的作用。其不是一般的民俗钱，是契丹最重要的具有深厚政治宗教内涵的钱币，它的历史艺术价值是无与伦比的！

"大辽国宝"背阴刻文"寿昌万年"折三型金钱树

"大辽天子"具体指的是谁？

辽太宗耶律德光，契丹名"尧骨"，辽太祖耶律阿保机次子。天赞元年（922），任天下兵马大元帅，领兵略蓟北，下平州，降胡逊奚，南攻镇定。天赞三年（924），随阿保机北伐西征，破阻卜、于厥里（乌古）诸部，定党项，取回鹘单于城（今蒙古人民共和国哈喇八喇哈孙），所在皆有功。天赞四年（925），随阿保机出兵灭渤海。天显元年（926）一月，与南府宰相耶律苏、南院夷离堇迭里、北院夷离堇斜涅赤围渤海忽汗城（今黑龙江宁安东京城），渤海国王出降。五月，讨平降而复叛的渤海南海、定理二府。

天显二年（927）十一月，耶律德光在由其母述律后主持的契丹贵族大会上被推举为皇帝，行柴册礼即位，号"嗣圣皇帝"。大同元年（947）四月灭后晋，回军途中病死于栾城（今属河北），享年46岁。庙号"太宗"，谥"孝武皇帝"，重熙二十一年（1052）增谥"孝武惠文皇帝"。耶律德光继承阿保机遗志，一方面继续完善统治制度，巩固契丹政权；一方面继续对外征伐，扩张疆土。为大辽帝国的强盛做出了重大贡献。

以前人们在汉文献中，只知道耶律德光生前尊号"嗣圣皇帝"，死后庙号"太宗"，而不知他在契丹文和契丹语中另有尊号。几年前，辽代石刻契丹大小字墓志铭陆续被部分破译，人们在一些契丹大小字石刻文中，发现契丹人对耶律德光的专称为"天子皇帝"，而这个"天子"是指"天皇帝之子"（见契丹大字《耶律习涅墓志铭》，契丹小学《耶律副部署墓志铭》等），从中知道耶律德光生前尊号

契丹文"大辽天子"合背金钱

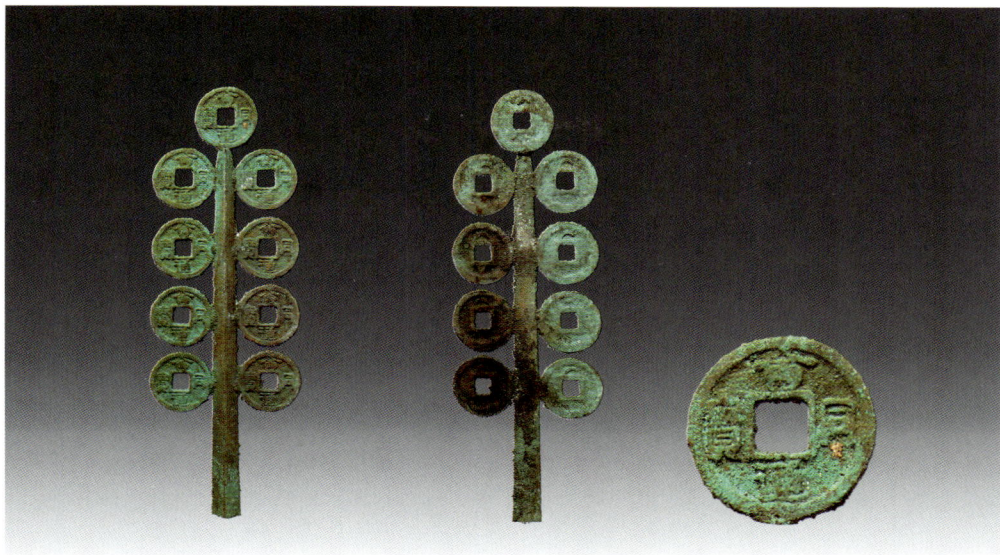

"会同通宝"背上俯月小平铜钱树

"嗣圣皇帝",实是契丹文契丹语尊号"天子皇帝"汉语的意译。然而令人失望的是,"天子皇帝"尊号只存在于墓志铭中,始终未见其他文物可以印证,使人们误以为耶律德光的"天子皇帝"尊号只是契丹人内部隐秘的称呼,不在契丹社会上使用,更不会让其他民族知晓。

然而,内蒙古巴林右旗一座早年被盗的辽墓旁的瓦砾中,出土一枚契丹文合背金钱推翻了这种臆测,以它那汉译钱文"大辽天子",证明了辽代社会不仅对耶律德光的汉语尊号耳熟能详,而且对其契丹语尊号心领神会,烂熟于心。因为作为皇帝"王信"的钱币,镌铸了皇帝的尊号,不管它是用的什么文字,它也必定会"无腿走四方","无语传八荒",让天下百姓都知晓。钱的这种功能,不管你愿不愿意,它都会自然而然地表现出来。

这枚契丹文"大辽天子"折十型合背金钱,径39.9毫米,穿5.58毫米,厚4.35毫米,重65.5克。含金量89%。钱宽缘窄郭,有明显穿系磨损痕迹。材质冶炼不精,细腻度远远赶不上中后期水平。铸造工艺粗糙,型砂较粗,钱体上留有明显砂眼。包浆自然温润,锈色真实可靠。钱文书法疏放拙朴,不隶不楷,楷隶相间。钱文做右旋读(上右下左),汉译为"大辽天子"。

这枚钱的问世,验证了辽代石刻文献关于契丹文"天子皇帝"尊号的真实存在,揭示了汉文尊号和契丹文尊号的果因关系,更肯定了"天子皇帝"不仅是契丹人对耶律德光的专用尊号,也是契丹境内各族人民共同对耶律德光的称号。

小小钱币凝聚了契丹臣民对"天子

皇帝"耶律德光"继志述事"政绩的肯定，对他在天显年间抚内乱、奖生产、促经济、扩贸易、立法律、定官制等改革开放政策给予肯定，更是对他轻而易举把富饶的燕云十六州纳入辽国版图的睿智给予的肯定。客观地说，这应是一枚契丹臣民在"大辽"国号建立之时给自己国家功高至伟的皇帝颁发的奖功牌和荣誉勋章。铸行颁赏时间当在天显十三年，即会同元年（938）十一月丙寅，宣布建国号"大辽"改元会同之时。

"大辽万年"玉钱

"大辽万年"钱背后的故事
——"大辽万年"汉文、契丹文钱考

汉文"大辽万年"玉钱是内蒙古赤峰市一位泉友收藏的珍钱，玉质晶莹，皮壳厚实，岁月流逝的痕迹明显，钱文粗犷雄拙，舒展古朴。刀工洗练，简捷明快，制作精整，朴实自然，实为一枚千年珍罕辽代玉钱。钱文顺读，上下"大辽"二字扁宽，右左"万年"二字长方，布局和谐匀称。钱径44.21毫米，穿经5.43毫米，厚3.86毫米，重19.6克。这枚玉钱应是宫廷特制的玩赏钱，从它厚厚的晶莹剔透，柔和润泽的包浆看，不经几百年的把玩难以形成。

汉文"大辽万年"钱有金、银、铜三种材质的当五、当十钱，应是当时的宫廷庆典赏赐钱，传至今世者当寥寥无几。

最近，笔者有幸又见到了一枚契丹文"大辽万年"当十金钱。这枚契丹文"大辽万年"当十金钱，钱径49.77毫

米，穿径13.36毫米，厚4.25毫米，重60.7克，含金量90%。钱的铸造不甚精细，钱缘和地张有数处铸疤和砂眼痕迹。但钱形制还较工整，中缘细郭，比例适中，整体典雅优美。包浆厚实老道，锈色美观自然。钱文四个契丹小字左旋读（上右下左），汉译作"大辽万年"。

"大辽万年"是句祈祝语，是祈祷祝愿"大辽国万世永存"的吉利话。此钱制作古朴，与辽道宗时期金钱相比，无论从材质细腻度、工艺制作上，都有显著差异。加之背穿上巨月纹的镌制，按契丹萨满教规定，月为皇后或太后形象，所以推测此钱应为辽太宗得晋燕云十六州、建国号"大辽"时所铸，是庆祝新建国号大典时的纪念币。

938年，契丹凭国力军威，轻易将北方游牧民族朝思暮想近千年的富庶的燕云十六州拿到手中。作为契丹国君太宗皇帝怎能不欣喜若狂，怎能不为巨大

的功绩狂欢庆功？面对举世最辽阔的国土，他自然而然地想到了用契丹老祖宗发家生活的辽河地区的名称意译契丹国号，"大辽"国号应就是在举国上下庆祝燕云十六州的爆竹声中应运而生的。

燕云十六州的归附使契丹政治经济生活发生了根本变化，经济从游牧、渔猎为主的生产方式，转变为游牧，渔猎和农耕并行的生产方式。政治制度也从部落民主制，转变为中央集权制。契丹族的汉化进程步入了快车道。辽太宗作为继太祖之后的明君，为契丹文明的发展做出了巨大贡献。元代《辽史·太宗纪》中对"大辽"国号的创始人辽太宗做了中肯而恰如其分的评价：

太宗甫定多方，远近向化。建国号，备典章，至于厘庶政，阅名实，录囚徒，教耕织，配鳏寡。求直言之士，得郎君海思即擢宣徽。嘉唐敬达忠于其君，卒以礼葬。辍游豫而纳三剋之请。悯士卒而下休

契丹文"大辽万年"背巨月当十金钱

养之令。亲征晋国，重贵面缚，斯可谓威德兼弘，英略间见者矣。入汴之后，无几微之骄，有"三失"之训。传称郑伯之善处胜，书进秦誓之能悔过，太宗盖兼有之，其卓矣乎。

契丹文"大辽万年"当十金钱，即是辽太宗丰功伟绩的见证，亦是契丹文明发展第一个高峰天显会同盛世的真实物证。是不可多得的契丹史的活教材，其在中国钱币史上将具有崇高的地位，其考古、历史、文化、艺术价值都不容低估。

一枚金钱背后的太后身影
——契丹文"大辽万年"背巨月金钱考

"大辽国"是"天子皇帝"辽太宗耶律德光在得到石敬塘进献的燕云十六州后的天显十三年，也就是会同元年（938）十一月丙寅所改的国号。为什么起名"辽"？一千多年来，历史界争论纷纭，始终没有得出一个能让各家都心服口服的定论。《金史》称"辽以镔铁为号"，此说流行甚久；近人冯家昇撰《辽非镔铁辨》，指出辽不是以镔铁得名，而是以辽水得名，其根据是徐梦莘《三朝北盟会编》有"辽人以辽水名国"之语。此后学界一直采纳冯氏之说，几成定论。

笔者认为，"以辽水名国"论尚有不能令人信服之处。因为直到辽圣宗开泰九年（1020），契丹人才知道西喇木伦河是辽河的上源。在此之前，辽水之名少为契丹人所知。辽水所在，原是渤海旧地，

初为东丹国所辖，直到辽圣宗即位之初"东丹国除"（金毓黻，《渤海国志长编》）。由于当时所知的辽水在辽国最东边，不在契丹人的腹地，不是契丹人发祥地，故而契丹人不会以辽水作为国号，其理显然。

笔者以为"以辽水名国"有两种含义：

其一，以契丹早期活动地域医巫闾山及其南侧"辽泽"之"辽"为名，以示不忘祖先。《旧五代史·外国传一·契丹》：

契丹者，古匈奴之种也，代居辽泽之中。

《辽史·地理志一》：

辽国其先曰契丹，本鲜卑之地，居辽泽中。

其二，以"辽"之本义名国。按《说文解字》"辽"之本义是远，而"远"的本义是辽，二字义通。《康熙字典》也取此说，引《楚辞》"山修远其辽辽兮"为证。辽太宗以国号为"大辽"，就是取"天朝"辽远广大之义，其与契丹疆域的扩大有关。兼并燕云十六州改国号"大辽"，重在"蕃汉一家"，是取"天朝"天高地远之意，形容契丹"天朝"之伟大。

"大辽"国号钱汉文钱已见多种，不算稀罕。但契丹文"大辽"国号钱迄今只发现两种，其一即是契丹文"大辽寿永"背"升天皇帝图"祭祀金钱，其二即是这枚契丹文"大辽万年"背巨月庆典金钱。两枚契丹文"大辽"国号钱，都是存世仅见的珍品，其各方面的价值都不容低估。

契丹文"大辽万年"背巨月庆典金钱，纯金铸造，含金量90%。钱径49.77毫米，穿径13.36毫米，厚4.28毫米，重

"大辽天赞"光背折十型银钱树

"天显通宝"背左右双月小平铜钱树

60.7克。钱体雄浑厚重，形制粗犷雄放，材质细腻纯净；铸造砂粒不均，工艺不甚精细，留有砂眼气孔；锈色自然斑斓，包浆深沉玉泽。形制气韵风貌均具契丹早期钱币特征，与辽中后期钱币柔腻委婉风格有明显区别，可断定其必为辽早期铸造。

钱的四字契丹小字钱文成右旋读（上右下左），其汉译为"大辽万年"，楷书，清瘦刚劲，矫健恣肆，显示了辽代书法有别于中原的草原文明的气质和风貌。钱背穿上巨月纹，透露了此钱铸造时间的准确信息。既说明皇帝母亲仍权势熏天，也表现了皇帝对母亲的敬畏。这种情况只出现在辽太宗和应天皇太后时期。

大家都知道，辽太宗登上皇帝宝座，完全是其母应天皇后一手导演的，是皇后以己意擅行废立的成果。耶律德光即位，述律氏为太后，一如既往地参与朝政，权力和地位并无丝毫削弱。这一地位既是由她个人的条件也是由游牧社会的传统所决定的。她"简重果断，有雄略"，在契丹贵族中有一定的影响和威望；而在游牧社会中，女性参与军国大事决策并不像中原王朝那样受到非难；耶律德光皇后也出自述律家族，为其弟室鲁之女，述律家族在辽朝是一个实力和威望不在宗室之下的契丹家族，这是她行使权力、施加影响的强大后盾；耶律德光又是她亲自选立的，因此在太宗朝她依然是炙手可热的人物。

史称耶律德光"性孝谨，母病不食亦不食，尝侍于母前，应对或不称旨，母扬眉而视之，辄惧而趋避，非复召不敢见也"《契丹国志·太宗嗣圣皇帝上》。这固然是耶律德光的天性，但母后的权威与舅氏的势力，也是他不能不顾忌的客观原因。据《资治通鉴》卷二百八十六，后汉高祖天福十二年（辽大同元年，947）载，耶律德光灭晋后，于天福十二年三月召集晋百官，告以将北归"省太后"，晋群臣请迎太后，"契丹主曰：'太后族大，如古柏根，不可移也。'"形象地说明了述律后及其家族在辽朝政治生活中的地位。钱背的巨月更是把应天太后及其家族的地位具体物化的写照。

此钱背的巨月表明其铸造时间，只能是在会同元年（938）十一月丙寅，"大辽"国号宣告之日的庆典之时，应是"大辽"国号庆典的祈祝语钱，是皇帝和太后颁赏给来贺国家使臣及股肱大臣的国家礼物，宝贵异常。能传至当今者，实属凤毛麟角。

契丹帝国，人杰地灵
——契丹文"人杰地灵"钱考

契丹人是中国历代少数民族中自豪感最强烈的民族，他们对自己民族创造的高

契丹文"人杰地灵"金钱

度文明从心眼里发出由衷的兴奋和赞许。钱币是他们喜闻乐见的形式之一，传世契丹钱中常见表达契丹人歌颂自己国家和民族的赞歌式钱币。

这枚契丹文"人杰地灵"金钱，就是契丹人这种民族自豪感真实流露的钱币，是这类颂语式钱币中典型的一枚。

"人杰地灵"金钱钱径52.36毫米，穿径12.75毫米，厚3.91毫米，重69.4克。含金量96%。材质细腻润泽，翻砂铸成。由于砂型较粗，钱体上留有少许铸造砂痕，钱缘为契丹钱中少见的宽缘，钱穿有穿索磨损痕迹，钱体有轻微收藏者摩挲过手及岁月流逝的印记。下缘铸造印模时因拔模失误造成缘肉缺失，略微影响了钱形的整体美。包浆熟旧匀称，温润流畅自然。

钱文四个契丹小字，端正楷体，布局合理。字间架构，匀称舒展。笔画劲挺，清秀妩媚。四字读序，可顺读（上下右左）为"地灵人杰"；也可对读（右左上下）为"人杰地灵"。钱背穿上有颗滚圆大小适中的日星纹，整个钱充满神秘庄严的气质，使观赏者心中自然而然升起一种虔诚敬仰之情。

"人杰地灵"和"地灵人杰"意思互通。唐·王勃《滕王阁序》：

物华天宝，龙光射斗牛之墟；人杰地灵，徐孺下陈蕃之榻。

是说万物的精华就是天生的宝物，宝剑的光芒可以直射斗牛星宿；灵秀之地自然产生杰出的人才，徐孺子能使陈蕃放下

韩延徽雕像

卧榻，正是要以最尊崇的方式接待徐孺子这样杰出的人物。

契丹人作为马背民族，把蛮荒之地建设改造成为了疆域广阔、经济繁荣、兵强马壮的北方大国，的确称得上"人杰地灵"了：

五稼不登，开帑藏以代民税；螟蝗为灾，罢徭役以恤饥贫。沿边五十余城各有和籴仓，虽累兵兴，未尝用乏。辽之农谷至盛，斗粟至贱，天祚播迁，梁王定价，粟一车不过一羊而已。贸易中外，都会百万，百物山偫，来易于辽者，道路绳属。钱用流布，振饥养贫，典质男女，宴犒将士，钱不胜多。群牧之盛垂二百余年如一日，天祚初年，马犹有数万群，每群

不下千匹。

看到如此情形，哪一个契丹人不从心眼里感到自豪？也难怪宋联金灭辽时，原以为南京（今北京）汉族人会揭竿而起，对王师夹道欢迎，可谁知等待他们的竟是辽各族（包括占多数的汉族）军民同仇敌忾的迎头痛击，使几十万宋军大败而返。

钟灵锦绣之地自然频出雄才伟俊之人。契丹族人才济济自不用说，汉人、渤海人、回鹘人都因"蕃汉一家"、"一国两制"政策而把契丹当成自己的祖国，心甘情愿地为自己的祖国贡献力量，把它建设得更美好。其中汉人才俊对辽朝政治的影响，从阿保机登皇帝位开始，一直贯穿了辽朝历史的始终。早期的汉族众多贤

契丹官吏和武士

士，如康默记、韩延徽、韩知古、张砺等，都是太祖、太宗慧眼识珠从俘虏和中原逃人中发现，引入身边出谋划策。这些人在稳定其内部统治、安置和发挥汉人的生产能力、增强辽朝国力等方面，以及对渤海、党项还有中原王朝的战争中，都发挥了重要作用。

如韩延徽者，作为幽州刘氏政权的使者被阿保机扣留，后来却成为他的心腹之臣，进而建议："请树城郭，分市里，以居汉人之降者。又为定配偶，教垦艺，以生养之。以故逃亡者少。"中间曾因思乡而逃归故里，后又返回辽朝，称："忘亲非孝，弃君非忠。臣虽挺身逃，臣心在陛下，臣是以复来。"阿保机并不生气，却"大喜，以谓自天而下"，可谓用人不疑。后韩延徽果然跟随辽军"从征渤海"。在政事上兢兢业业："庶事草创，凡营都邑，建宫殿，正君臣，定名分，法度井井，延徽力也。"可以说是因感激"知遇之恩"而忠于辽朝的汉人典型。《契丹国志》赞叹曰："太祖之兴，延徽有力焉。"

再如赵延寿，在太宗耶律德光的攻晋战争中"为先锋，下贝州，授魏、博等州节度使，封魏王"。太宗高兴之余，"赐延寿龙凤赭袍"。后来世宗也对其"以翊戴功，授枢密使"，实为汉人能臣的代表。

卢龙人赵思温，投降辽朝之后随征渤海，"力战拔扶余城，身被数创"，太祖阿保机甚至"亲为调药"，迄其死后，其子在辽朝也"官至使相"。

太宗天显年间归辽的定州人（今河北定县）梁文规，其子梁廷嗣甚至得到了"以大水泺之侧地四十里，契丹人凡七户皆赐之"的封赏，能将契丹牧民赐与汉人为奴，其宠遇不可谓不高。

而辽代汉人中最为显赫者，莫过于圣宗时期"位极人臣"的韩德让了。其为太祖名臣韩知古之孙，父、祖皆是辽朝倚重的汉人大臣，早时曾和后来被称为承天太后的萧绰（又名萧燕燕）有过婚约，但因后者被景宗纳为皇后而取消。后景宗驾崩，承天太后之子耶律隆绪年幼，而契丹皇族中觊觎皇位之人"拥兵握政，盈布朝廷"，承天太后因此求助于韩德让。其果然不负期望，不仅果断行事，"易置大臣，敕诸王各归第"、"随机应变，夺其兵权"、"集番汉臣僚，立梁王耶律隆绪为皇帝"，保证了圣宗坐上皇帝之位，而且还在辽朝后来的经济政治改革和对宋战争中都起了巨大作用。因此被赐名耶律隆运，先后封为齐王和晋王，"赐不拜，乘车上殿，置护卫百人。护卫，惟其国主得置之。隆绪以父事隆运，日遣其弟隆庆、隆裕一问起居"，死后得谥"文忠"，并建立自己的斡鲁朵"文忠王府"。查辽朝二百余年，建立过十二宫一府共十三个斡鲁朵（即宫卫），其中韩德让是仅有的一个非皇族和后族而拥有斡鲁朵者，也是汉人中的唯一。其后韩氏世为辽朝大族，乃至在宋人眼中，辽朝"耶律、萧、韩三姓恣横"，已变成了和契丹二姓一样的上层统治者。

其他如室昉、张俭、邢抱朴、马得臣、王继忠、刘景、刘六符、手舒温、杜防、姚景行、耿绍宗、窦景庸、杨绩、王观、李俨、刘伸、王鼎、刘辉等等"人杰"，都为契丹的政治、经济、文化、科技、军事发展做出了卓越的贡献。

契丹文"人杰地灵"金钱，应是辽太宗天显至会同年间和平时期铸造的宫钱，其时契丹经济、文化发展都已达到高速发展阶段，特别燕云十六州的兼并，更使辽如虎添翼。面对这种兴旺的大好景象，辽宫廷节庆日铸此"人杰地灵"金钱，实在是恰如其分地表达了契丹统治者兴奋、得意、满足、自诩的心情。

契丹文"人杰地灵"金钱，是大辽兴旺发达的真实写照，是契丹人对自己祖国热爱的真情流露，是契丹各民族和谐共处团结友爱的象征。说它是文物，是一件制作高超的艺术品，不如说它是契丹人留给后人揭示巍巍大辽社会真实情况的物证。

契丹文"人杰地灵"金钱是珍贵的赏赐宫钱，如能把二百多年契丹造全部宫钱聚集研究，一定会勾勒出契丹政治社会的全貌，还原一个真实的有血有肉的契丹，那将是逝去契丹之幸，中华民族之幸！

"大辽国宝"是谁铸的？

"大辽国宝"与大契丹国号钱"大丹国宝"应是一对姊妹钱。"大辽国宝"钱，目前见有小平、折三、折十三种钱币实物。材质见有金、银、铜三种材质钱。钱文一致为端庄楷书，书体颇具唐人小楷

形态，秀而不妖，丽而不媚，清秀瑰丽，落落大方。形制谨严，工整精细，工艺之精湛要超过同时代之宋钱。

该钱铸量稀少，尤以折二、折五、折十为甚。折十仅见面世一枚铜钱，折五、折二仅听说某藏家有金币各一枚，但未见实物。小平、折三存世应各也不超过十枚，多数还是金银钱或鎏金样钱，小平、折三铜钱每种存世量应不超三枚。

2005年，当时因在出土钱中发现了铁钱"大辽元宝"，根据契丹重要钱币必定是金、银、铜、铁同模四铸或金、银、铜同模三铸，且铸"元宝"必铸"通宝"或其他宝钱的规律判断，作为大辽国重要钱币，有"大辽元宝"面世，也必有"大辽通宝"或"大辽国宝"的等形式，材质也必定是同模三铸或四铸。2006年，一枚"大辽国宝"折十铜钱面世；2007年，一枚"大辽国宝"折三金钱面世。2008年，笔者多年宿愿得以实现，获藏到"大辽国宝"小平、折三鎏金、银钱各一枚。

"大辽国宝"钱的铸主，笔者以前一直以为是辽太祖耶律德光。因为铁钱"大辽元宝"出土时与大量五代和宋朝早期钱币混在一起，铸期应该不会晚于五代结束。而这一时期，有可能铸"大辽元宝"钱的辽代皇帝只有辽太祖耶律德光。辽太宗天显十三年（938）改国号"大辽"，改元"会同"。这个时候铸造"大辽"国号钱，应是顺理成章的事。当时辽国兵强马壮，万国来朝，在这样大好形势下，辽

"大辽国宝"光背小平铜钱树

太宗不但铸造了"大辽元宝"、"大辽通宝"等国号钱,而且补铸新铸了"大辽神册"、"大辽天赞"、"大辽天显"、"大辽会同"等国号年号一体钱。因此,笔者一直把"大辽国宝"钱认定为会同年间耶律德光铸造,然而事实却不是如笔者想象。

2010年国庆节期间,笔者见到一枚"大辽国宝"背阴刻契丹文折三金钱,钱背上的契丹文经辨识是契丹小字"寿昌万年"四字,从而知道契丹国号变换时同样会铸造一些和前朝同模的纪念性国号钱——原来的看法是错误的!

"大辽国宝"背阴刻契丹文"寿昌万年"折三金钱,径29.81毫米,穿7.66毫米,厚1.92毫米,重15.9克,堪称无价之宝。小平型鎏金"大辽国宝"光背钱,径24.2毫米,穿5.74毫米,厚1.58毫米,重6.1克。应是样钱,较铜钱要大些重些。

"大辽国宝"背阴刻契丹文"寿昌万年"折三金钱应是辽道宗咸雍二年(1066)把"大契丹"国号改为"大辽"国号时所铸,应是寿昌年间宫廷年节祭祀用的赏赐钱。契丹钱凡背刻阴文者(多为

"大辽国宝"光背折三金钱背

"大辽国宝"背阴文"寿昌万年"折三金钱

汉字钱背刻契丹文)多是祭祀用钱。祭祀后多装罐埋藏于祭坛前，供被祭祀者享用。只有年节国家庆典祭祀后，祭祀用钱才会被分赐给臣民。所以背刻阴文的契丹钱，相比于光背同模钱要少得多。而传世的背刻阴文的契丹钱，相比于出土的背刻阴文的契丹钱要少得多。

以前笔者认为祭祀用背阴刻文钱，只用本朝钱铭刻，未见用翻铸前朝钱铭刻的。这可能是契丹祭祀仪式的规定，整个辽代未见有破例者。但这枚"大辽国宝"背阴刻契丹文"寿昌万年"折三金钱的出现改变了笔者旧的观念，知道了同一种钱可能有两个铸主的情况，进而断定"大辽国宝"钱除了它的第一个铸主辽太宗外，还应有它的第二个铸主辽道宗。辽道宗铸造"大辽国宝"钱的时间，应是他把契丹语国号"大契丹"重新改为汉语国号"大

辽"的咸雍二年（1066）正月癸酉。

辽道宗之所以重改国号，基于他自认为契丹国此时无论从国力、从文化、从版图等等方面看来，都足以代表中国屹立于天下。清·张江裁《燕京访古录》记有关于辽道宗对中国认识的一条资料：

西便门内西北一里，菜园井台后，有颓残佛殿三楹，内有一台，上座一佛，……背后镌阴文篆书银佛铭曰："白银千两，铸二佛像。威武庄严，慈心法相。保我辽国，万世永享。开泰寺铸银佛，愿后世生中国。耶律鸿基虔心银铸。"共四十四字。考此地当是大辽开泰寺也。（《全辽文》卷二）

此事亦见于宋人记载：

今虏主鸿基……尝以白金数百两铸两佛像，铭其背曰："愿后世生中国。"（晁说之《嵩山文集》卷二《朔问下》，

"大辽国宝"背阴刻契丹文"寿昌万年"折三铜钱树

《四部丛刊》续编本）

　　耶律鸿基即辽道宗，在《辽史·兴宗纪》中有这样一条记载：重熙二十三年（1054）十月癸丑，"以开泰寺铸银佛像，曲赦在京囚"，这显然就是指辽道宗耶律鸿基所铸的那两座银佛，在铸此像时，道宗尚未即位。这里青年时耶律鸿基所说的"中国"即是指的大辽国。等到他登临大宝，这种认为大辽已成中华文明大国的优越感自然会更加强烈，这是促使他把汉语国号"大辽"重新颁行全境的主要动力。"大辽国宝"钱在这种状况下，自然而然地诞生了。

两枚契丹官制的纪念金币

——一对纪念实行散官制度的契丹文黄金对钱考释

　　这是一对曾摆在北京古玩城某古玩店柜台里的，后被某著名收藏家以重金购走的契丹早期纪念开始实行散官制度的纪念金币。钱径约55毫米，重约95克。两钱均厚重精整，锈色包浆无可挑剔。文字端庄瑰丽，书法楷中见隶，架构严谨有度，笔势雄浑遒劲，应是契丹文书法作品中的上乘之作。

　　两钱各背饰一巨星（日）纹，一竖月纹。从背饰日月纹，按契丹萨满教日月观分析，知铸钱人为当朝皇帝和一位已退政养尊的太后。日纹在穿上，表明皇帝当朝。月竖纹在穿下，表明这位女人不是称制的太后，称制太后月纹在上日纹在下；更不是皇后，当朝皇后两钱时日月各在一钱穿上，一钱时皇帝日纹在穿上，皇后月纹在穿下或仰或俯；而退政养尊的太后，月纹左向竖立穿下表明她是在儿子皇帝的福荫下生活，但仍有权势。

契丹文"银禄开宝"背上日金钱

背日纹钱，四字契丹文钱文读序为顺读（上下右左），直译汉字为"银禄开宝"，意译"纪念银青崇禄大夫等散官封赏制度开始之宝"。背月纹，四个契丹字钱文读序为右旋读（上右下左），直译汉字为"政兴元宝"，意译"政体兴旺发达元亨利贞之宝"。两钱钱文可串联解释为："银青崇禄大夫等散官封赏制度的实行是契丹政体兴旺发达开辟新纪元之宝"。

从钱文知道，这两枚钱是有关契丹官制改革的纪念金币，是一对以太后和皇帝母子名义共同颁铸的庆典宫钱。查《辽史》，在218年历史里，有四对母子有可能共同铸钱。他们是：应天皇太后（太祖后）和天子皇帝（太宗）、承天皇太后（景宗后）和天辅皇帝（圣宗）、法天皇太后（圣宗妃）和昭孝皇帝（兴宗），宗天皇太后（兴宗后）和天祐皇帝（道宗）。但他们之中只有应

天、承天两太后称过制，而承天是临终之前才把朝政交给儿子，统和三十年钱背饰都是月在穿上。所以，只有应天皇太后（太祖后）和天子皇帝（太宗）母子俩才有资格和条件铸造这两枚钱有关契丹官制改革的纪念金币，并以太后和皇帝母子名义共同颁赏这对宝贵的庆典宫钱。

太宗耶律德光是辽太祖耶律阿保机的次子，他雄武智勇，能征惯战，自幼得到母亲述律平的喜爱。太祖死后，他在母亲的支持下，从哥哥、太子、人皇王耶律倍手中夺得了皇帝宝座。登基后，他对母亲应天太后言听计从，以太后马首是瞻。《契丹国志》载：

帝性孝谨，母病不食亦不食，尝侍于母前，应对或不称旨，母扬眉而视之，辄惧而趋避，非复召不敢见也。

契丹官制承唐制和突厥、回鹘制。自太祖实行"以国制治契丹，以汉制待汉

契丹文"政兴元宝"背下竖月金钱面

人"后，官制亦分北、南两套系统。北面官均为契丹部族人充任，治宫帐、部族、属国之政，官职官名多沿袭突厥、回鹘制度。南面官多为汉人渤海人担任，治汉人渤海人州县、租赋、军马之事。官职官名多沿袭大唐之制。所谓：

因俗而治，各得所宜。事简职专，官制朴实，不以名乱之，其兴也勃焉。（《辽史·百官志》）

散官之制遥辇汗国时已承唐有之，但无规则率意为之。太师、太保、太尉，司马、司空、司徒施于部族，仪同三司、大夫、尚书赏予部人，实散混杂，乱象生矣。神册六年，太祖诏韩延徽为政事令厘正班爵，实散勋阶始见清澄。大宗登基，为进一步捋顺官制，特以韩知古为中书令，将原唐制实散勋阶名自根据契丹当时情况重新制定了品级，并据避讳规定对官名进行了改变。如把"光禄大夫"避太宗名讳，改为"崇禄大夫"等。并于天显初年颁行。正是有了二韩的一系列努力，辽才有了自己的实散勋阶系统官制，才有了太宗和母后共同颁行纪念散官制度实行的两枚金钱传世。

据信这次颁铸的纪念金钱应不止这两种，或许还有仪同、崇进、金紫等其他名目钱名钱，只不过在历史长河中已经湮没而已。据北京海王村出土的《辽代李内贞墓志》载，李内贞可能是太宗朝加"银青崇禄大夫"衔的第一人。如果属实，那这一对有关契丹官制改革的纪念金币接受者之一就有了着落。最后用《北京琉璃厂》里的《改葬故辽李公墓记》里的李内贞一段生车，做为结尾，让我们共同体会一下人生与名利的关系吧。

附 李内贞生平如下：

大辽故银青崇禄大夫、检校司空、行太子左卫率府率、兼御史大夫、上柱国。陇西李公，讳内贞，字吉美，妫沘人。后唐庄宗时举秀才，除授将仕郎，试秘书省校书郎，守雁门县主簿，次授蔚州兴唐县主簿，次授儒林郎，试大理寺丞，字妫州怀来县丞。大圣皇帝兵至，迎降，太祖一见器之，加朝散大夫，检校工部尚书，兼御史中丞，赐紫金鱼袋，兼珊都提举使。嗣圣皇帝改银青光禄大夫，检校尚书右仆射，兼御史大夫。天授皇帝加检校尚书左仆射。故燕京留守、南面行营都统、燕王朦蜡以公才识俱深，委寄权要，补充随使左都押、衔中门使，兼知厅勾，次摄蓟州刺史，次授都峯银冶都监。天赞皇帝改检校司空兼御史大夫、上柱国，次行太子左卫率府率。保宁十年六月一日，薨于卢龙坊私第，享年八十。以当年八月八日，葬于京东燕下乡海王村。

辽景宗时期

"家国永安"中的"家"、"国"有何含义？

——"保宁通宝"背阴刻契丹小字"家国永安"银钱考

"保宁通宝"是大辽国第五代皇帝辽景宗登基后所铸造的第一个年号钱，有小平、折二、折三、折五、折十五等行用钱，亦有折二十祭祀用钱，更有直径90—100毫米的大型镇库用钱。"保宁通宝"镇库大钱，传世仅见光背铜钱数枚和银铸背阴刻契丹小字"家国永安"。

"保宁通宝"背阴刻契丹小字"家国永安"镇库银钱，全身着泛青色黑漆古，温润如玉，手感极佳。穿缘钱文均有自然磨损痕迹，特别穿口右下角被绳索长时间穿磨留下的缺口，证明此钱被人系挂有数百年。钱文古拙稚朴，敦实流畅；寓方于圆，寓刚于柔；布局绵密，圆劲饱满；似隶似楷，端庄典雅。钱背所阴刻的契丹小字，骨法清劲，瘦硬凌厉，遒劲灵动，丰腴而具神采。该钱径99.18毫米，穿10.62毫米，厚5.32毫米，重228.9克。

背铸四个契丹小字是"家国永安"，其"家"字与契丹语表示"家庭、家族"的"家"字用的并非一个字，而是另行创造的一个字。"国"、"永"二字为常见契丹小字，"安"为契丹语译汉文。四个契丹小字作右旋读（上右下左），读作"家国永安"，是一句含义深邃的契丹祝语。

"保宁通宝"背阴刻契丹小字"家国永安"镇库银钱

这里的"家"，不是指家庭，不是指家族，也不是指生活在一个屋顶下的一家人，有特定含义，仅指耶律皇族和萧（述律氏）姓后族组成的"天"、"地"之"家"，"日月之家"。即"天神裔族"中天神嫡系子孙和"地祇裔族"中纯正地祇血统女孙组成的"家"。

所谓"国"，也即是耶律皇族和萧（述律氏）姓后族组成的"天地"之"国"、"日月之家"，耶律皇族和萧（述律氏）姓后族只不过是这个"大家"的家长而已，家庭成员子女只不过换成了子民罢了。天皇帝耶律阿保机治国名言"化家为国，化祖为神"，应是这句祝语"家国"的最好注解。

"家国永安"祝语钱最早出现在耶律阿保机就任天皇帝的第五年（911）五

月，皇弟刺葛、迭刺、寅底石、安端谋反，得实。上不忍加诛，乃与谋弟登山刑牲，告天地为誓而赦其罪。铸"家国永安"钱赐皇弟们及群臣，劝诫臣民要以家国平安为国之要务。

辽太宗时，辽、晋结为父子之国，太宗与后晋多次互赠"家国永安"钱，申明两国一家，家国永远安好是两国之福，万民之福。然而，在景宗前的三代皇帝无一人处理好"家国永安"的实践。兄弟阋墙，骨肉相残的惨剧接连不断。有鉴于此，景宗一登基立即重申"家国永安"的重要性，并合理分配权力和权益，照顾好家族中的重要成员，使"家国"逐渐走上"永安"之路。

这枚阴刻契丹文"家国永安"镇库钱真实地反映了景宗保宁年间人人思安，渴求天下太平的的实际情况，可说是四字万民书，弥足真贵。

契丹小字"保宁通宝"银鎏金钱

契丹小字"太平元宝"金钱

契丹文年号钱为何稀少？

——辽代契丹文年号钱考

辽代有契丹文，现在已无疑义。契丹大、小字各创制于什么时间？《辽史》说大字始制于神册五年（920）正月，颁行于九月；小字没说创制时间，只说迭刺随回鹘使二旬，能习其言与书，因制契丹小字，数少而该贯。有专家推测，契丹小字创制于天赞四五年（925—926）。泉界、史学界一般也认为契丹大、小字创于这个时间。当然，也有个别人，根据出土及传世契丹文钱币实物，固执地认为契

丹大字创始于晋至南北朝，形成于大贺氏晚期，整理颁行于契丹帝国成立后的神册年间；契丹小字创始于契丹为回鹘奉国时期，契丹帝国成立后由迭刺整理颁行于太祖元年。

笔者就坚持这种观点。

关于辽代是否铸有契丹文字年号钱？在20世纪90年代，中国钱币界曾进行了一次长达数年的大讨论，因未见契

丹文年号钱钱币实物，所以当时所有历史学家、文字学家、钱币学家都断定契丹文字只用于契丹人中的刻碑记功、墓志、符牌、著诸部乡里之名以及写诗译书等，是一种使用范围甚窄的文字。它缺少社会基础和群众基础，所以不可能用作流通钱币的文字。契丹字的创制和使用情况决定了铸有契丹字的钱币只能是厌胜钱，而不可能是行用钱。

近年来出土的契丹文钱币不仅有契丹小字钱币，而且有契丹大字钱币；不仅有契丹文非行用钱，而且有契丹文行用钱；不仅有契丹文非年号钱，而且有契丹文年号钱。数量虽不太多，但品种确实不少。

契丹大字"千秋万岁"钱的认定，契丹大字"天朝万岁"五等钱的发现，现在可以肯定地说，契丹文在契丹不是一种使用范围甚窄的文字，而是一种使用范围广泛、有着广泛的社会与群众基础、和百姓生活息息相关的文字。用契丹大字铸造的

契丹小字"景福通宝"金钱

行用钱，当时每天都在和百姓的柴米油盐打交道。用契丹大、小字铸造的年号钱，也同样在国内外贸易中发挥着重要的媒介作用。无论契丹铜、铁钱，还是金、银钱，都有流通而形成的自然磨损痕迹，由此可见一斑。

最早发现的契丹文年号钱，除"天朝万岁"契丹大字钱外，就是1990年在内蒙古乌兰察布盟商都县大拉子乡发见的契丹大字铜钱。钱径42毫米，穿径15毫米，厚3毫米，重27克。形制雄浑厚重，背穿微决。钱文四字，内蒙古大学已故陈乃雄教授认定为契丹大字，乌兰察布盟钱币学会的于颖辉先生把钱文译为契丹大字"天显通宝"。其实，这枚钱的钱文应不是神册五年后的契丹大字，而是在其之前没经整理的契丹大字"胡书"。因为神册五年后的契丹大字，再不见该钱穿上穿右这种镂空图画似文字笔画。所以，该钱文译为"天显通宝"的错误是显而见的。

契丹小字"太平元宝"银钱

目前，可释读的契丹文年号钱，都是契丹小字钱。已发现最早的契丹小字年号钱是辽景宗的"保宁通宝"，最晚的是天祚帝的"天庆通宝"。加上背饰不同，应共有十六个年号二十几个品种。这里展示的仅是笔者所亲见、亲藏的9个年号16个品种，应占全部契丹小字年号钱的1/2左右。这16个品种为："保宁通宝"、"太平元宝"、"景福通宝"、"清宁通宝"背上京、"咸雍通宝"、"大康通宝"、"寿昌通宝"背地、"乾统通宝"、"天庆通宝"。笔者尚未见到但应该有的年号钱有"神册通宝"、"天赞通宝"、"天显通宝"、"天禄通宝"、"应历通宝"、"乾亨通宝"、"统和元宝"、"开泰元宝"、"重熙通宝"、"大安元宝"、"保大元宝"等。

为什么辽景宗时期铸造的"保宁通宝"是最早的契丹小字年号钱呢？这要从辽景宗时期的契丹经济状况说起。自辽穆宗时期十几年"无为而治"的休养生息，契丹的生产发展迅速，国内市场及和周边国家的贸易更加活跃。旧有的国家行用钱"千秋万岁"因多被百姓当作圣物收藏，而仿铸的唐五代旧钱用于国内贸易尚嫌不足，更不能满足和西亚、中亚地区的贸易，始开铸契丹小字年号新钱用于贸易，并铸"乾亨"对读年号铜钱投入流通。《辽史·食货志》对这个时期的铸币情况是这样记载的："景宗以旧钱不足于用，始铸乾亨新钱，钱用流布。"因契丹小字年号新钱在保宁初即已铸制，故食货志没有提及，但两者始铸原因是相同的。在保宁以前契丹文只用于铸造政治教化、祭祀、赏赐等钱，即没有用于铸年号铜钱。因为占人口2/3以上的汉人当中，契丹文

契丹小字"清宁通宝"背"上京"金钱

契丹小字"清宁通宝"背"上京"银钱

字的普及还不令人满意。而到了保宁时，契丹大、小字的推广才有了长足进步。故而才开始铸契丹文年号钱。

笔者所见的目前已发现的契丹文年号钱有如下特点：

1. 只有大钱不见小钱，说明它们只是对国内行用钱制的一个补充措施，而不是主要货币。

2. 只见金银钱不见铜钱，说明它们主要任务是对西中亚大宗贸易。

3. 每个年号只见一种宝钱，不像汉文年号铜钱元（通）宝双铸。

以上特点决定了契丹文年号钱作为大宗贸易媒介，辅助铜钱行用的特殊性质，这是契丹货币研究者不可忽视的重要课题。

契丹小字"景福通宝"银鎏金钱

契丹小字"天庆通宝"银钱

契丹小字"寿昌通宝"背"地"金钱

契丹小字"咸雍通宝"银钱

契丹小字"寿昌通宝"背"地"银钱

契丹小字"大康通宝"银钱

契丹文"乾统通宝"金雕母

辽圣宗时期

"契丹国宝"铸于何时？
——契丹文"契丹国宝"钱考释

笔者藏品中有三枚契丹文"契丹国宝"金钱两枚，铜钱一枚。三枚钱大小不一。大金钱径48.96毫米（相当于折二十），穿径12.8毫米，厚5.44毫米，重70.3克；小金钱径23.1毫米（相当于小平钱），穿径5.6毫米，厚1.66毫米，重6.9克，金钱含金量都在80%以上。铜钱径44.94毫米（相当于折十），穿径6.4毫米，厚5.27毫米，重55.7克；

大金钱钱文四字为右旋读（上右下左），汉译"契丹国宝"。钱缘比穿郭为宽，钱为翻砂铸造，技术不够精细，

可见铸造砂痕。背穿四决呈现典型契丹钱风貌。钱背缘与钱肉间有道深沟，面背地张与钱缘都不够平整，显现出契丹早期钱的特征。

小金钱钱文四字为顺读（上下右左），汉译也是"契丹国宝"。钱宽缘细郭，背郭稍宽，但与背缘相比仍略窄。钱亦为翻砂铸造，技术比大金钱有进步但仍不够精细，地子已较平滑，但钱缘还是可以见到少量铸造砂痕。背穿规整呈现与契丹年号平钱一样的风貌。

铜钱钱文四字和大金钱一样为右旋读（上右下左），汉译同样为"契丹国宝"。此钱为手雕制成，多处细节符合雕母特征，如钱径比同样版别的流通钱

契丹文"契丹国宝"金、银、铜三钱钱面对比

略大（一般折二十流通钱径在46毫米左右），铜质精良（细腻无砂眼），钱缘轮和钱文字口深峻（笔画都刻成梯形，字根都清理得干干净净）。钱文精美，笔画比同样版别的流通钱略瘦挺。钱穿和内郭亦颇规整。通常，雕母上的雕刻痕迹已经修饰掉了，俗称"刀痕化尽"，但经过细审，仍能寻到刻镂的痕迹。不仅这些宋以后的雕母钱特征本钱都已具备，而且另可见后代雕母钱少见的"剔地仅剔笔画旁，缘郭旁，而留下字与字间、缘与郭间地子不剔或少剔"的早期雕母普遍存在的毛病。

综上所见，基本上可以断定此枚铜雕契丹文"契丹国宝"钱是契丹早期铜雕祖钱。不过，是呈样备审雕钱，还是已审核批准的铜雕祖钱？获准后是否用其翻铸了母钱（模母，或称铸母）？因尚未发现同版别子钱或母钱（铜母或锡母），所以无法解答后两个问题。从该钱的自然磨损情

契丹文"契丹国宝"折二十金钱

况看，是呈样备审雕钱，未用其翻铸过任何钱的可能性较大。

三钱的钱文均是"契丹国宝"，说明它们都是契丹文的"国号钱"。这里需要指出的是，在所有契丹文文献中，契丹人不论在任何时候都称自己的国家是"契丹国"。但在钱币钱文上，契丹文钱和符牌却有所突破，除称自己国家为"契丹国"外，还称过自己国家为"天朝"，"丹国"，"天国"，"辽国"等等。

在辽太祖时期，契丹人铸过契丹文"天朝万岁"国号钱，建元后铸过汉文"大丹国宝"，"大天（契丹文"丹上撇捺"）国宝"等国号钱，但未铸过契丹文的"契丹国宝"钱。因为对当时契丹人来说，"契丹"就是"天朝"，只不过"天朝"是"契丹"语一词的本意"天族人众或天神裔族"，而"契丹"是契丹语"天族人众或天神裔族"的汉语音译而已。所以，辽太祖认为有一种契丹文"天朝万

契丹文"契丹国宝"小平金钱

契丹文"契丹国宝"折十型铜雕钱

岁"国号钱在当时已经足矣,尽管"大契丹"汉语音译国号周围国家无所不知,他也坚持不铸契丹文"契丹"国号钱,因为阿保机认为当时中华大地只有"契丹"才可称为"天朝上国",何况契丹族本就是"天神裔族",其国称为"天朝"是最恰当的选择。

辽太宗收取燕云十六州,使契丹疆域更加辽阔远大,为实现天皇帝"一统天下"的远大目标奠定了坚实的基础,为统一中华的目标获得更多的支持。

辽圣宗统和元年(938年),出于调整国内政治形势的需要,深谋远虑的萧太后把国号改为没有刺激性的"天族人众国"汉语音译"大契丹国"。此金铜契丹文"契丹国宝"三钱当铸于此时。因为有辽二百多年中,只有在统和元年(938)至重熙二十四年(1055)的一百一十多年中,汉文或契丹文对国号的称呼才真正统一,而契丹文的"契丹"国号钱才有机会诞生。

契丹文"契丹国宝"钱,作为契丹文国号钱,其用途应与契丹文年号钱相同或更狭窄,即在国内仅作为祭祀、庆典、赏赐用钱,少量可能用于与西亚、中亚使用金银币的国家进行贸易。它应主要为金银钱,个别发现的铜钱应是母钱或试铸钱。其形制等级应为五等钱,目的是适应对外贸易需要。

契丹文"契丹国宝"钱,因为多是贵金属铸造,在当时铸造量不会很大,能流传至今者枚枚都应是稀世珍品,其珍稀程度应为每种不超过五枚。铜雕祖钱更是珍中之珍,说其为国内仅见,是实事求是。

"丹"字可以代指"契丹"吗?
——契丹文"大丹元宝"背巨月星金钱考

记得有位声名显赫的文字学家曾说过一句话:"'丹'字钱不是辽钱。"理由是:"'契丹'一词在契丹语或契丹文字中是一个不能再分割的单词"。并专门举

契丹文"大丹元宝"背巨月星金钱

例说"开丹圣宝"、"大丹重宝"不是辽钱，理由就是"契丹"不能分成"契"和"丹"使用。

在"契丹"本来意思中，"契"和"丹"到底能不能分开使用？"丹"字钱是不是辽钱？在十多年前，绝大多数泉友不懂契丹文，所谓的专家中关于"'丹'字钱不是辽钱"的说法自然无人反对。

近二十年过去，契丹文研究取得了长足的进步，契丹字已从专家们的象牙塔跑出，跑到了大众社会，跑到了寻常泉友家。许多泉友掌握了契丹大小字的释读方法，自己释读出数量可观的契丹大小字，也探究出许多契丹的谜底。如，契丹人在使用"契"和"丹"时是能分开使用的，用契丹文钱币实物证实了这一事实。

这枚契丹文"大丹元宝"背巨月金钱，径48.74毫米，穿9.74毫米，厚4.99毫米，重70.6克。面镌四个按右旋读（上右下左）的契丹小字，汉译为"大丹元宝"。钱背穿上镌巨月，穿下镌巨星。整个钱气韵非凡，辽风盎然。锈色鲜丽，包浆温润，确为钱中极品。

钱上"丹"字是货真价实的契丹文字，这一点可以肯定——"丹"字就是契丹文"契丹"这个词词义的组成部分。按契丹文研究的术语讲，那就是所谓的"原字"。原字是组成、拼写契丹字的部件，但也有些原字自己本身就是一个可以独立存在或组成语句的单词。事实证明，这个"丹"字，就是一个可以独立存在的单词，"契"和"丹"是能分开并代表契丹

太祖时铸"大丹万年"背日月折五金钱

这个意思的！

"契"和"丹"是能分开使用的，是可以独立存在的两个单词，这对于解析"契丹"族名本义至关重要。据笔者考证，"契丹族"本义为"天族"。这个"天族"的全部意义，应可以存在"契丹"的"丹"字中，"契"字只不过是修饰"丹"字的。翻译成汉语时，这个"契"字大约相当于"大"字。辽太祖铸契丹汉文钱中的"大丹万年"钱和金腰牌，应就是"契丹万年"契丹语的汉译。

"丹"字既然是"天族"之意，"丹"字在契丹语中自然就可以简称"天"了，这对于理解"天朝万岁"的"天朝"意义重大，"天朝"应该就是"契丹朝"的另种写法或另种读法。同理，就可以理解契丹钱背铭"天"、铭"丹"、铭"长角丹"实际本义都是"天族"之义了。

契丹文"大丹元宝"既然证明契丹字

119

"契丹"两字，是可分割的，是两个单词组成的词组，"丹"字是词组的根与基础，"契"字是修饰限制"丹"字的单词，就间接证明了契丹汉文钱"大丹重宝"、"开丹圣宝"、"丹贴巡宝"等"丹"字钱，都是货真价实的契丹钱。事实证明，"'丹'字钱不是辽钱"的论断是错误的。

其实，不仅"'丹'字钱不是辽钱"的论断是错误的。笔者曾经说过，契丹钱币研究是个多学科的综合科学，只具有单一学科知识的人是研究不了钱币的，越是单一学科钻研越深的专家，对钱币的论断离真实情况越远。事实一次又一次地验证了笔者论断的正确。在文字研究领域不仅只有这个论断错误，许多文字学家和历史学家都在钱币、符牌等契丹文物的考释上有过语失。像把"天朝万岁"钱文考释成"天神千万"的日本文字学家更是其中的典型人物。

不是这些专家学问不深造诣不够，实是他们没掌握契丹钱币符牌等文物制造制度，工艺与宗教、文化的关系，以及它们的特殊性，以一般的知识去衡量判断特殊的契丹钱币符牌，很难想象会得到什么正确结果。要想在契丹钱币研究上获得真正成果，就必须伏下身来研究契丹钱币所处时代，真正探究出当时钱币与宗教、政治、经济、文化的关系，找出与其他钱币的共性和特殊性，融会贯通，概括提炼才行。

这枚契丹文"大丹元宝"钱背镌巨月星，说明它的铸造时间当在辽圣宗母亲承天太后萧燕燕称制的统和年间（983—1012）。需要补充和强调的是，按契丹铸钱惯例，有"元宝"必铸"通

太祖时铸"大丹万年"腰牌

宝"，相信肯定会有"大丹通宝"背镌巨月星钱面世。这种"大丹元（通）宝"背镌巨月星钱形制硕大，材质珍贵，绝不会是普通行用钱，它应是统和元年重改行用国号为"大契丹"新年庆典时的赏赐用钱，即"贵金属改国号庆典纪念流通币"，应是契丹文钱币里最具纪念意义的钱币之一，是契丹文三种国号钱中数量最珍罕的一种。

"'统和元宝'中京伯（佰）文"银钱牌赏赐给谁?

——"'统和元宝'中京伯（佰）文"背阴刻契丹文"中京留守"银钱牌考

大名鼎鼎的"'统和元宝'中京伯（佰）文"铜钱牌，是喜好标新立异的契丹人在中国钱币史上的又一创造，它比南宋末年（约景定年间，1260—1264）出现的南宋钱牌早了二百六十余年。据某些专家称，该种钱牌是继统和十四年（996）"四月乙亥，凿大安山取刘守光钱"后，为解决当时"旧钱（应是指当百以下低值钱）不足于用"，而贸易额愈来愈大，大额钱又稀缺，临时铸造的大额钱币代用品。关于此种钱牌的考证，已有内蒙古收藏家专题论述过。这里就一枚"'统和元宝'中京伯（佰）文"背阴刻契丹文"中京留守"银钱牌进行考释，以探寻此钱牌的真正的用途和准确的铸造时间。

该钱牌高62.87毫米、宽36.67毫米；牌成长方形，底角成90度，上角成抹圆形；牌上部统和元宝钱径25.13毫米、穿

"'统和元宝'中京伯（佰）文"背阴刻契丹文"中京留守"银钱牌正面

"'统和元宝'中京伯（佰）文"背阴刻契丹文"中京留守"银钱牌背面

径5.58毫米，钱下900平方毫米面积里"中京伯（佰）文"四个字被平均分镌在其中；牌厚3.8毫米，重54.1克。背阴刻四个契丹小字"中京留守"，按右上右下、左上左下次序排列。字体朴拙，大度，错落有致。该牌为银铸，紫红色的包浆，沉着老道，自然温润，是开门见山之佳品。

这枚银钱牌的阴刻契丹文考释较易，线索较多。牌上有年代：统和年间（983—1012）；有地点：中京（统和二十五年春正月始建，二十七年夏四月丙戌朔营建宫室，统和三十年、开泰元年（1012）十二月丙寅，奉迁南京诸帝石像于中京观德殿。癸未，首见中京设官：中京留守推官）；有官职：中京留守（中京地方最高行政长官）。

大家都知道，契丹人喜欢在钱币上阴刻文字，用于祭祀、赏赐、传信、勒令等，祭祀、赏赐为主要用途。阴刻文字有刻完后为模翻铸的，多为祭祀、传达勒命、王信用。而在钱上直接用刀刻就文字的，多用于赏赐。此银钱牌刻文深浅不一，刀锋内含，刀锋划过笔画旁挤起钱肉的清晰可见，足证文字是直接用刀刻就。从这点，可以推测这枚银钱牌是为赏赐特铸特刻。赏赐人应为圣宗皇帝，受赏赐人就应是钱牌上这个"中京留守"。

既然中京是统和末年所建，"'统和元宝'中京伯（佰）文"钱牌就只能在统和二十五年（1007）以后至统和三十年（1012）期间铸造。中京建造了三年，统和二十七年（1009）宫室始建成。建设期间应不会铸造"'统和元宝'中京伯（佰）文"钱牌。

统和二十七年十二月辛卯，承天皇太后崩于行宫。戊申，圣宗至中京。此时可能命中京铸钱牌，以支付皇太后丧葬费用。二十八年上半年忙于承天太后葬礼，下半年御驾亲征高丽。估计不会安排赏赐

事务。二十九年正月搬师回国，二月谒乾、显二陵，处置东征事。三月，承天太后情夫、大丞相耶律隆运（韩德让）薨，为给实际的后爹安排丧事，整整忙了半年多。当年也不会安排赏赐事务。

统和三十年八月，皇弟隆祐薨，又忙了三个月。十一月甲午朔，改元开泰。群臣给圣宗上尊号："弘文宣武尊道至德崇仁广孝聪睿昭圣神赞天辅皇帝。"此时应是赏赐功臣的最佳时间，这枚银钱牌当在此时赏赐给这位"中京留守"。此时开泰新钱尚未颁行，即使已铸出，以其赏统和功臣也不适合。以特铸银统和钱牌刻上被赏人官职用来赏赐统和功臣，是最恰当不过了。

问题是这位被赏赐的"中京留守"是谁？他在统和年间为契丹立下了什么功绩，值得天辅皇帝特铸银钱牌予以奖赏？

查《辽史·圣宗纪》，中京建成后，史书上记载的第一位"中京留守"是开泰二年（1013）正月癸巳朔任命的"检校太师、中京留守王继忠"。这个王继忠可是一个于契丹、于宋都有大功的人物，是辽、宋两国史上的关键人物。辽、宋两国都称其为忠臣，这在中国历史上是个奇迹。

王继忠（？—1023），北宋东京（今属河南开封）人。少侍宋真宗于藩邸，被亲信，先后任郓州刺史、殿前都虞候。宋真宗即位后，累迁云州观察使、高阳关副都部署，徙定州。宋咸平六年（契丹统和二十一年，1003），与高阳关都部署王超等率兵抵御契丹骑兵南下，战于康村（今河北望都东北），被契丹大将耶律奴瓜、

萧挞凛俘虏。宋真宗得到王继忠战死的假消息，于是追赠其位为大同节度使兼侍中，他的三个儿子也都加官进爵。王继忠成了宋朝堂堂正正的死节忠臣。

王继忠被解送到炭山见到了辽朝皇帝和太后，太后知道王继忠很有才能，于是授王继忠为户部使，以康默记族女妻之，使王继忠感激不尽，自此认真地为契丹尽忠效力。宋以继忠先朝旧臣，每遣使，必有附赐，圣宗许受之。

契丹统和二十二年宋景德元年，（1004），宋遣使遗继忠弧矢、鞭策，密请求和。萧太后诏继忠与宋使相见，仍许议和。继忠奉辽主命，上书真宗，促成南北弭兵。继忠因促成契丹、宋"澶渊之盟"功，赐宫户三十供其驱使，加左武卫上将军。统和二十五年，摄中京留守，主持中京建设工程。统和二十八年（1010）春正月，中京全面竣工，又负责调整任命中京道各州县官员和建立行政、经济体系。

"统和元宝"背月星小平钱

开泰元年（1012）十一月甲午朔，继忠应在此时获"'统和元宝'中京伯（佰）文"银钱牌刻文赏赐。开泰二年任中京留守、检校太师。开泰五年，改任汉人行宫都部署，封琅邪郡王。六年，进楚王，赐国姓改名为耶律显忠，又改名宗信。开泰八年二月，继忠拜南院枢密使。太年三年致仕，卒。子怀玉，仕至防御使。

从以上介绍，可以知道是促成澶渊之盟并主持中京建设的首任中京留守王继忠获得了"'统和元宝'中京伯（佰）文"银钱牌，并了解了王继忠被俘后受到契丹重用的种种事实。

从"皇命太尉"腰牌到"皇命太尉"金钱
——契丹文"皇命太尉"金钱背后的奥秘

"皇命太尉"龙牌，长方形，铜质，上镌单立龙、下镌两横两竖四个契丹文，通高96.86毫米，底宽46.29毫米，吊环高7.26毫米，立龙火焰环外径39.3毫米，牌厚3.51毫米，缘宽4毫米，重89.4克。火焰环下镌横写契丹字，从右至左读作"皇命（令）"，下面契丹字竖读作"太尉"，背刻阴文，有一字者"上八下丁"（府），有两字者多个"十"字（西）。

从牌的规格、形制、文字内容看，镌龙纹，书"皇命（令）"，说明它是由皇帝钦命的品位达三公的"太尉"官职牌，是表示持牌人官职品级的身份凭证。

契丹"太尉"这一官职，有三种设置，两种为北面官，一种为南面官。虽都称为"太尉"，但地位、职权并不相同。

"皇命太尉"龙牌正面

"皇命太尉"龙牌背面

北面官系统里的"太尉",一为遥辇九帐大常衮司里的"遥辇太尉",是掌控指挥遥辇九帐军队的最高军官;二为国舅司里的"国舅太尉",是掌控指挥国舅四帐军队的最高军官。南面官系统里的"太尉"是朝官三公府,又名三司,军队最高指挥官。因天皇帝设汉人司,太宗设汉人枢密院掌领汉人兵马之政,"太尉"一职就成了荣誉虚职,一般加在有重大功绩的军节度使职称前。如辽太宗天显年间的太尉赵思温,就是卢龙军节度使。

据史料分析,北面官中的"太尉"似乎实权在握,好像比南面官中的"太尉"品级、地位高些,其实不然。如果"遥辇太尉"、"国舅太尉"不兼军节度使,同样是有职无权。而节度使另有节度使司统辖和管理,想互兼任也很不容易。更重要的是北面官中的"太尉"是"诸帐官"而不是中央政府的"朝官",南面官系统的"太尉"虽是荣誉虚衔,但地位极高,属

朝官极品,类似契丹"于越"一职,可以"坐而论道"。所以,比较来说,南面官系统的"太尉",政治、物质待遇要高些,北面官系统的"太尉"实权稍多些。但如果南、北官的"太尉"都兼军节度使,那他们的地位是大体相等的。

"皇命太尉"龙牌是颁发给哪种"太尉"的呢?笔者认为三种"太尉"都有资格获得皇帝颁发的这种"龙牌","龙牌"背阴刻文就透露和证实了这个信息。这种"龙牌"背阴刻文有两种刻文:一种两个字"南(西)"、"府(上八下丁)";一种仅一个字"府(上八下丁)"。标明"西府"的"龙牌太尉"应是颁发给北面官中"遥辇太尉"和"国舅太尉"的,因为相对于在御营横帐东向的皇族三父族,遥辇九帐国舅四帐在横帐对面而西向,故俗称"西府"。而只阴刻一"府"字的应是颁发给南面官中的汉人"太尉",此"府"应指"三公府"或"太尉府"。

契丹文"皇命太尉"背月孕星金钱

弄清了持牌人，那使用这种"身份凭证"有什么规定呢？这就要谈谈与"龙牌"上契丹文相同的金钱了。

该金钱径37.8毫米，穿10.31毫米，厚2.26毫米，重20.8克。四个契丹文字，由右"皇"字起读，按右上下左次序读作"皇命（令）太尉"。背穿上镌有巨型月孕星纹，整个钱雍容大度，富丽堂皇，极具王者之气。

为什么金钱文和龙牌文铸得一样？难道其中有什么奥秘吗？它来源于契丹对符牌类契合之物的规定，即符牌制分阴阳，金钱为雄，龙牌为雌，阴阳契合，合则而动。持牌人朝贺时，必须出具龙牌，由勘契官与内廷保管之金钱勘契，合则出引驾杖，引持牌人见驾。《辽史·礼志》虽漏失了龙牌金钱的勘合仪式，但从与此相近的"勘箭仪"、"勘契仪"的记载中约略可见符牌勘合的端倪。

从金钱背巨月孕星，可知金钱铸期当

在大契丹承天太后（萧绰，辽景宗耶律贤皇后，辽圣宗耶律隆绪之母）称制的辽圣宗统和年间，因景宗死时辽圣宗才十二岁。所以，长达30年的统和年间，辽圣宗都是在母亲的光环下治国，这是契丹帝国中唯一的母子共同领导国家时期。背文用月包日图案巧妙地注明铸造时期，不能不说是独具匠心的设计。

龙牌和金钱对研究契丹的符牌制度、官制、礼制都是不可多得文物标本，都很珍贵，尤其官名钱币更是契丹钱币的又一独创品种，是中国钱币中存世最早制作最精的官名钱币，其价值不可估量。

佳泉成对分丹汉，民族平等写新篇

——"赐与军节度使耶律奴瓜"金钱考释

面四神背阴刻"赐与军节度使耶律奴瓜"金钱

天津收藏家郭先生有一枚面四神背阴刻"赐与军节度使耶律奴瓜"大型契丹金钱，钱径64毫米，穿内径9毫米，穿外径11.5毫米，厚3毫米，重107克，含金量90%左右。钱面浮雕青龙、白虎、朱雀、玄武四神形象，与笔者收藏的"大辽永安"背四神钱上的四神形象神似，只不过一个写意、一个写实罢了。该钱展现的四神形象亦神骏灵动，呼之欲出。四个神兽身姿刚健，栩栩如生：青龙飞腾，白虎踊跃，朱雀翱翔，玄武起舞。四只神兽在白云间展转腾挪，尽情地展示其风姿，整个画面动感十足。

此金钱材质精良，做工精良，系手

工精雕完成。4毫米宽的缘轮宽窄如一，刀工之高超令人叹为观止。整个钱的设计精细瑰丽，雕刻技法纯熟，粗细线条处处以刀的深线完美体现，麟毛皮骨细微之处毫厘爽清。刻画讲究，写意神似。为达到绘画似的境界，亦采取了写意工笔、精细粗犷相结合的刀法，通过寓神以动，寓意以静的剔、刻、划、剜等多种技法，把这幅形神兼具的龙腾、虎跃、雀跃、玄疾的四神图活灵活现地展现在观赏者的面前，显示了契丹工匠技艺的高超，给人们以无限的遐想空间，感受到美的享受。

此钱原为光背，后在钱背雕刻上十个阴文文字"赐与军节度使耶律奴瓜"，笔力浑厚，拙中蕴秀。穿上比两侧字高出半个格的一个大大的"赐"字显示了契丹人行文格式中尊上的习俗与汉人无异，与帝后有关的"赐"字被升格以示尊崇。穿右侧阴刻的"与"、"军节度使"，"与"是和

面四神背阴刻"赐与军节度使耶律奴瓜"金钱背

"赐"组成"赐与"的字，是说明此钱是太后或皇帝赏给下边这个人的。"军节度使"是当时地方最高级别的武官官职。

"军"，唐五代以兵戍守之地设"军"、"守捉"、"镇"、"戍"，大者称"军"，小的称"守捉"，"镇"、"戍"。"军"、"守捉"的将领称"使"、"镇"、"戍"的将领称"镇将"、"戍主"。

"节度使"，官名。唐初沿北周及隋旧制，于重要地区设总管，后改称都督，总揽一区的军、民、财政。所辖区内之各州刺史（唐时称郡守）均为其下属，本身并兼任所驻在之州的刺史。节度使，辖境大小自十余州至二三州不等。凡节度使所辖地区多兼军号，如泽路号昭义军、鄂岳号武昌军之类。辽沿唐制设此官。

穿左侧阴刻的"耶律奴瓜"四字，是接受"赏金币"这一赏赐的"军节度使"的姓名。熟知《辽史》的人都知道这个

面四神背阴刻"赐与军节度使耶律奴瓜"金钱面

"耶律奴瓜"是契丹历史上一个赫赫有名的人物，是契丹圣宗朝战功卓著的大将。《辽史》有传，《宋史》《续资治通鉴》均有其事迹记载。

耶律奴瓜，奴瓜一译诺郭或奴哥，字延宁，太祖异母弟南府宰相苏之孙。有膂力，善调鹰隼。初为横帐郎君。统和四年（宋雍熙三年，986），宋杨继业率兵进攻契丹，奴瓜为黄皮室糺都监，击败之，尽复所陷城邑。耶律奴瓜膂力过人，武艺超群，是圣宗朝数一数二的智勇双全的猛将，追杀活捉杨继业就有他一份功劳。军还，加诸卫小将军。及伐宋，有功，迁黄皮室详稳。统和六年（宋端拱元年，988），再举，将先锋军，败宋游兵于定州，升为东京统军使，加金紫崇禄大夫。统和十四年(996)，从奚王和朔奴伐兀惹，以战失利，削金紫崇禄阶。辽统和十九年(宋咸平四年，1001)七月丙戌，时任东京统军使耶律奴瓜拜南府宰相，受命筹备南征事宜。

统和二十一年(宋咸平六年，1003)，耶律奴瓜与国舅太师萧挞凛集结十万骑复伐宋。望都会战中，耶律奴瓜包抄焚烧宋军后方薄弱的辎重，并且切断宋军补给线，给宋军以致命打击，宋军补给线和辎重被焚绝。宋军大将郓州刺史、殿前都虞候、高阳关副都部署王继忠连忙带领轻骑兵赶往察看，王继忠身穿官服，被契丹人发现，于是耶律奴瓜率大军杀了上来，宋镇州副部署李福，拱圣军指挥使王升（指挥使相当于现在营长一级，但拱圣军属殿前司管辖的殿直，也就是近卫军系统）见

势不妙吓得率先逃跑，丢下王继忠被契丹军包围，被耶律奴瓜擒拿。辽军在短短数年内继俘获康保裔后再次俘获战区司令一级的高级军事将领！擒其副主将王继忠于望都，俘杀甚众，战绩不可谓不大。耶律奴瓜以功加同政事门下平章事。

统和二十二年（宋景德元年，1004）闰九月己未，承天皇太后和圣宗亲率五十万大军御驾南征，耶律奴瓜于望都县东北濡水边的白城镇，设伏生擒宋第一大将荆嗣。统和二十六年（1008），出为辽兴军节度使，寻复为南府宰相。统和三十年（十一月改元开泰，1012），西北部叛，耶律奴瓜讨之。开泰初，加尚父，卒。

辽兴军全称为"南京道平州辽兴军节度使司"，驻地平州（现卢龙，乐亭县辖区），是南京道所属最大最重要的节度使司，统定、平二州，卢龙、望都、安喜三县。三县有人户一万五千（记载有误，似应为三万至五万户才合理），丁壮三万。耶律奴瓜是统和二十六年从南府宰相改任辽兴军节度使，不久又恢复了南府宰相一职，但似乎仍兼辽兴军节度使，因开泰元年（1012）即统和三十年七月丙子前，不见有任何人替换耶律奴瓜任辽兴军节度使的记载。

纵观耶律奴瓜的一生，是戎马倥偬的一生，战功赫赫的一生，是契丹以战促和身体力行者之一，是契丹对宋战争策划并身先士卒的主要将领之一。他在辅政方面也必有过人之处，否则知人善任的萧太后也不会让他连任南府宰相九

仿面四神背阴刻"赐与军节度使耶律奴瓜"金钱

年（统和十九年至统和二十八年）。

从耶律奴瓜以上的业绩看，他确实有资格获得承天太后赐与金钱的奖励，其被加为尚父亦是功德所归。契丹从太祖太宗开始，一向有赏赐臣下珍稀钱币的传统，《辽史·圣宗本纪》就记有承天太后称制的统和二十年（1002）十二月"奚王府五帐六节度献七金山土河川地，赐金币"的记载。所以"赐与军节度使耶律奴瓜"的这枚金币确实为承天太后赏赐的应勿庸置疑，赏赐时间当在统和二十六年（1008）耶律奴瓜从南府宰相改任辽兴军节度使后至恢复南府宰相一职前这段时间里。

这枚精美绝伦的金钱，是中国钱币史上目前唯一发现的刻有被赏赐人姓名的赏赐金钱，其对研究契丹统和年间契丹与宋朝的关系史战争史有着不可替代的鉴证价值，是契丹善于把钱币用于政治教化活动的重要实物证据，是契丹把钱币的政治宣

教功能看得比经济交换功能更重的又一物证。其文物、考古、史学价值无与伦比，其经济价值堪比辽宋时期一件精美雕塑或美术作品。

其钱铸制、雕刻之精美，堪称辽五代宋金时代的钱币的典范，尚未发现这个时期宫廷赏赐钱有超过此钱之精美者。契丹非年号钱特别是宫廷节庆钱，赏赐钱，聘享钱，祭祀钱，民俗钱，铸币水平之高超，超越了当时中国所有国家的铸币水平，这是任何人都无法否认的事实。契丹铸钱技术落后，工艺低劣的片面之语至此可以休矣！

面四神背阴刻契丹文"赐与军节度使耶律奴瓜"金钱

太平盛世，奇迹频现。刚把契丹承天太后面四神背阴刻"赐与军节度使耶律奴瓜"汉文金钱考释完毕，又传来发现面四神背阴刻"赐与军节度使耶律奴瓜"契丹文金钱的惊人消息。

面四神背契丹文"赐与军节度使耶律奴瓜"金钱面

近几年来，明代以前的珍稀钱币的大量面世，特别是辽、宋、金、西夏、元诸朝珍稀钱币的集中面世，震惊了钱币界，吓坏了拍卖界，忙坏了收藏界。

契丹承天太后面四神背契丹文"赐与军节度使耶律奴瓜"金钱，与面四神背汉文"赐与军节度使耶律奴瓜"金钱是一对姐妹钱，无论从钱径、穿径、厚度，还是重量、含金量都宛如孪生姐妹。除直径、穿径、重量有少许差别外，其他都分毫不差。据此，有理由推断两枚钱币的材料取自同一块浇铸锻打成型的金板，经同一尺寸切割成两枚金钱的备材。直径、穿径、重量的误差，应在切割时形成。两枚钱由同一雕刻匠根据同一设计图纸雕刻完成。故而钱面的青龙、白虎、朱雀、玄武"四神图"，不仅神似，连运刀走刀的轻重疾舒都一模一样。虽然在细小情节还能看出些微弱差别，但这正说明两枚钱是同一工匠两次手工雕成。正如同一个人写两次同样的字必有差别的道理一样。契丹文钱的四神图和汉文钱四神图同样精彩，同样迷人，同样灵动飘逸，呼之欲出。说它们是契丹时期钱币的艺术双璧、姊妹双星一点也不为过。

两钱钱背一铭刻汉文，一铭刻契丹文。汉文是"赐与军节度使耶律奴瓜"，契丹文与汉文是对译的吗？经查有关契丹文字资料，可以肯定两钱钱背阴刻文字的确是契丹文、汉文对译。穿上三个契丹小字原字组合成契丹小字汉译即"赐"字。穿右第一字为契丹小字，汉译为"与"；

面四神背契丹文"赐与军节度使耶律奴瓜"金钱背

仿面四神背契丹文"赐与军节度使耶律奴瓜"金钱

第二字为契丹小字，汉译为"军"；第三字为契丹小字，汉译为"节"；第四字为契丹小字，一字双音，汉译为"度使"。穿左第一字是契丹大名鼎鼎的皇室姓氏"耶律"，一字双音；第二字为契丹小字，汉译为"奴"；第三字为契丹小字，汉译为"瓜"。八个契丹小字完整地表达了十个汉字所要表达的意思，"赐与军节度使耶律奴瓜"，这进一步证明了两钱确实是契丹承天太后特意制作的赏赐对钱。

赏赐金钱为什么要赏赐对钱？这恐怕和承天太后刻意改革契丹族与汉族不平等关系有关。统和以前契丹虽实行"以国制治契丹，以汉制待汉人"，但实际在社会生活中，汉人的地位远比契丹人低，南面汉官大多为虚职，没多大权力。汉人的被歧视，挫伤了汉人的积极性，阻碍和延缓了社会经济发展和契丹人与汉人的和谐团结。

为改变这种民族不公、政治不公，承天太后积极重用汉官，把治国安邦大权交给韩德让、室昉、邢抱朴、马得臣等人。并从法律上平等契丹人和汉人的地位：

统和十二年七月庚午，诏契丹人犯十恶者依汉律。（《辽史·圣宗本纪》）

在文化上，契丹文、汉文同列为国家官方文字，无论朝廷诏书、喻令、钱币、符牌，均可用两种文字书写，科举考试也用两种文字答题。承天太后之所以赏赐耶律奴瓜契丹文、汉文对钱，当是身体力行自己制定的契丹文、汉文同为契丹官方文字的政策。耶律奴瓜虽是契丹人，还任过北面官的南府宰相，但他任职辽兴军节度使司的平州地区，仍是汉人、渤海人聚居地，故赏赐他两种文字对钱，以提醒和激励他贯彻朝廷契丹汉平等的民族政策。

契丹文汉文赏赐对钱的发现，说明承天太后对贯彻平等的民族政策的不遗余力，也说明契丹朝廷对耶律奴瓜的重视和肯定，充分体现了契丹朝廷把钱币的政治宣教功能看得比其经济功能更重的史实，很值得史学家进一步研究。

"赐与军节度使耶律奴瓜"金钱三赏

前面说过天津泉友郭先生一对面四神背分别阴镌汉文、契丹文"赐与军节度使耶律奴瓜"大型金钱，所展现的四神形象

面四神背"赐与军节度使耶律奴瓜"金钱

亦神骏灵动呼之欲出。它们身姿雄伟阳刚，四个神兽无不栩栩如生。青龙飞腾，白虎踊跃，朱雀翱翔，玄武起舞，四只神兽在白云间展转腾挪尽情地展示其神奇雄武，整个画面动感十足，四只神兽舞姿优美有致。

然而，令人意想不到的事，世间竟有同一题材的更加精美的对钱出现，而且也是一对面四神背分别阴镌汉文、契丹文"赐与军节度使耶律奴瓜"大型金钱。这是怎么回事？难道承天太后和辽圣宗两次赏赐耶律奴瓜？为什么对他这么垂青？

从《辽史》看，耶律奴瓜担任辽兴军节度使的时间并不太长，首任辽兴军节度使是在统和二十六年（1008），此前自统和十九年（1001）秋七月一直担任南府宰相一职，统和二十一年（1003）四月因擒宋将王继忠于望都，以功加同政事门下平章事。在任辽兴军节度使不久，又被调回京都"寻复为南府宰相"。统和二十九年（1007）再任辽兴军节度使，开泰元年（1012）三月加尚父。六月病故。

从以上耶律奴瓜任辽兴军的经历看，他两获金对钱的赏赐是顺理成章的正常的事。第一次受赏金钱，是因他擒获宋朝高级将领王继忠；第二次受赏，是因他一生忠于王事，战功卓著，所以被加尚父，再授金钱。第一次是当时称制的承天皇太后赏，第二次是已经正式执掌朝纲的辽天辅皇帝圣宗赏。

前后两对赏赐金钱，哪对是第一次受赏金钱，哪对是第二次再受赏金钱？让我们对比一下两对钱的镂雕工艺、钱文书法，立马就会得出一个结论，天津郭先生的对钱是第二次再受赏金钱，而笔者这对钱是第一次受赏金钱。道理很简单，郭先生对钱刀法纯熟，技艺炉火纯青，钱文书法流畅，字里行间充蕴着老成持重成熟完美的气质。四神的雕琢如不与笔者的钱对比，可用至善至美四字描述，并不觉得夸张和过分。这些特质说明这位雕钱工匠必定是一位身经百战、雕钱无数的大师级人物。他所雕的钱枚枚都是精致完美，个个形象都栩栩如生。

然而和笔者的对钱放在一起一比，人们就会惊讶地发现，郭钱虽然完美，但缺乏灵性；技艺虽然可无可挑剔，但少有精气神；老成纯熟，但缺乏青春活力；形象虽栩栩如生，但少有心灵迸现；舞姿优美有致，但缺乏立体效果。总体感觉郭钱是一位工艺大师以纯熟的技术雕琢的完美的工艺精品。

笔者的钱与郭钱相比，稚嫩、生拙、纯朴、技艺尚不够青纯。但它的每一刀、每一个笔画、每一个细微的情节，它都是那样地用心去运作，用全部智慧去体会、去摸索、去创造。它不像工艺大师在细心地雕琢，而像一位年轻的画家正全身心地投入到自己的成名作的创作中，作品中你可以感觉到一颗年青的心在跳动。你似乎可以听到他"怦""怦"的心声，他急促的呼吸，刻刀在他手中的轰鸣。

因为他是用心灵去弹奏一支青春的

乐曲，用全部智慧去创造美好人生，所以，在他的作品里稚嫩化作喷薄而出的青春活力，生拙幻化成艺术细节的真实细腻，纯朴演化为整体形象的生动活泼，立体感极强。认真弥补了技术未达青纯的差距，认真使青年的处女作达到艺术的峰颠。他刀下的四神图不仅仅是件工艺精品，而是一件艺术大师精心制作的艺术珍品。

面对这样一对饱含深情与民族对话，以真情蕴注刀中，始终追求着不屈不挠的民族精神的作品，你会真正体验到契丹民族那种震撼的、深厚的、绵延不断的顽强狂傲的气势。你一定会被契丹艺术家导之泉注，顿之山安，轻如蝉翼，重若崩云的妙不可言的技艺所震撼，一定会为契丹文明的高度发展所折服。

该对钱的四神图应是四神在中华大地出现以来，表现最完美、神韵最淳厚、形象最生动、动感最强劲的艺术杰作。笔者羞愧，不能用恰当的词语形容它的美丽，它的神韵，它的灵动，所谓"美妙尽在不言中"应是对其最恰当的描绘。

对钱一大一小，契丹文钱为当百型，钱径57.16毫米，穿9.86毫米，厚4.04毫米，重99克；汉文钱为当十型，钱径43.37毫米，穿7.516毫米，厚3.59毫米，重99克。从这两枚钱上，反映出澶渊之盟未订前契丹人民褒契抑汉的心理。这也间接告诉人们这对钱是在统和二十二年（1004）十二月澶渊之盟签订前铸制的，阴刻文是在统和二十六年（1008）决定赏赐耶律奴瓜后加刻的。

抚摸着对钱翡样晶莹的包浆，望着对钱金光闪闪的躯体，欣赏着对钱上高高凸起的、玲珑剔透的、似乎要挣脱束缚跳到

面四神背契丹文"赐与军节度使耶律奴瓜"金钱

双虎、双天鹅图金钱正面

人间的、四个活蹦乱跳的神灵动物，我们仿佛看见望都会战一箭射倒宋军主帅战马，飞身将其生擒的耶律奴瓜矫健的身影，仿佛看见辽宋澶渊城下签订的给两国人民带来百年和平的兄弟之盟，仿佛看到白发苍苍的老将军殉职任上的伟岸身躯。这一切史上有的史上没有的史实，虽然已离我们远去，但他们遗留给千年后的我们的信息，依然在面前的对钱中久久地久久地放送……

这就是钱币的魅力，尤其是契丹文钱的魅力，更是契丹文宫钱迷人的艺术魅力。

两对辽圣宗宫钱考释

百年前出土契丹珍稀钱币惊现京城

前一段时间，两对百年前出土的契丹古钱币惊现京城，引起钱币收藏界竞相研讨的狂潮。这两对契丹古钱币，据专家初步鉴定，认为其均为辽圣宗开泰（1012）初年所特制庆典钱或赏赐钱。

两对钱均为纯金质，钱径60毫米上下，含金量90%左右，均为手工雕制。

一对钱面雕双天鹅和双虎图案，背均镌汉文诗句（出自《诗经·小雅·天保》）。

双天鹅金钱，径56.27毫米，穿7.84毫米，厚2.92毫米，重75.3克。钱背汉字诗文绕穿环形排列，右环读："天保定尔，亦孔之固。"意思是：上天保佑你安定，江山稳固又太平。

双虎金钱，径55.93毫米，穿8.04毫米，厚2.73毫米，重79.6克。钱背汉字诗文在穿右左竖排，读序右上至下、左上至下："如月之恒，如日之升。"意思是：你像上弦月渐满，又像太阳正东升。

另一对钱币钱面分别雕镌龙凤图案，背圆穿上、右、左镌同样七个契丹小字，上为汉译"封"字，右为汉译"银青崇"

三字，左为汉译"禄大夫"三字，七个契丹字合起来即为"封银青崇禄大夫"。其中，龙图金钱径59.72毫米，穿8.01毫米，厚2.52毫米，重86.7克；凤图金钱，径59.09毫米，穿8.12毫米，厚2.76毫米，重83.9克。

专家分析，认为两枚汉文诗句钱应为宰辅大臣庆贺圣宗皇帝亲政的祝语钱。辽朝宰辅大臣借用上古西周召公归政于宣王之时祝贺宣王亲政的诗，为辽圣宗祝愿和祈福，表达了对辽圣宗的热情鼓励，期望圣宗亲政后能励精图治，完成中兴大业，重振先祖雄风。实际上，也表达了宰辅大臣作为具有远见卓识的政治家的政治理想。

两枚龙、凤图案背"封银青崇禄大夫"敕语钱，应为辽圣宗和妻子"齐天皇后"在亲政大典上封赏百官的"封赏钱"之一种。专家指出皇帝皇后同时颁敕封赏一个官职，在中国历史上应绝无仅有，这应与圣宗皇后"齐天"的尊号及所掌权力有关。

专家评论说这两对钱珍贵在：

一、材质为纯净贵金属。总重达330克，平均80克以上，如此厚重金钱，实属罕见；

二、工艺精湛，纯手工雕琢，诗、文、画均炉火纯青，美轮美奂，实为辽艺术品巅峰之作；

三、千年包浆无半点损坏，氧化层温润赛玉、艳如红翡，钱体纯熟自然，岁月痕迹内蕴，确为开门见山之珍品；

四、断代依据，独特明确，非熟知辽史者不能掌握，确为勿庸置疑之契丹圣宗朝钱币；

五、题材重大，品种特殊。皇帝亲政庆典祝福和封赏官职题材的钱币，在中国钱币史上除这两对钱外，有明确断代者尚未发现。用诗文钱祝福皇帝亲政和封赏官

龙、凤纹金币正面

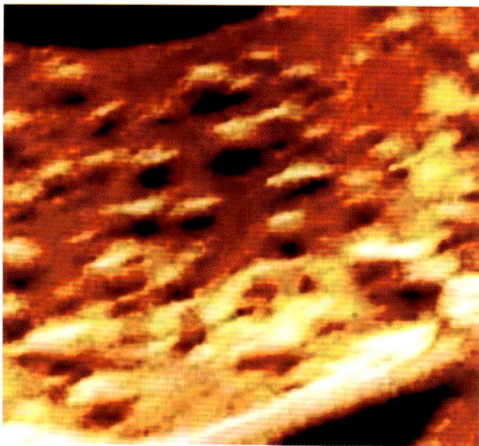

龙纹图丹珠上隐藏的工匠名押记

吏的钱币品种，应该说是前无古人后无来者，传世仅有。

综上所述，专家认为这两对钱定为国家一级文物，是实至名归。

据这两对钱原收藏者讲，这两对钱是一位蒙古族牧民的曾祖父在清宣统年间所得。一次，这名牧民的曾祖父在辽圣宗庆陵附近放牧，无意中在草丛中拾得一个近乎腐烂的小布包，内中即包裹着这四枚金钱。在发现地等了近半个月也无人前来认领，就把它拿回家珍藏起来。他猜想它们有可能是早年盗墓贼从庆陵盗出，不小心遗落在草丛中。历经几代，后来在一场突来的灾难中成为了他家的救星。1996年秋天，这位牧民的母亲忽患一种奇怪的头痛病，每天疼起来痛不欲生。经检查，病根是脑干部长了一个肿瘤，如不开颅切除，很快就有生命危险。但天文数字的手术费对他家来说无异一座大山，压得全家不知所措。牧民的遭遇得到了一位朋友的同情和帮助，给他解决了母亲的手术费，使手

术顺利完成。在答谢这位好心人时，把四枚金钱送给了那位朋友。

这位在通辽做生意的朋友，偶然结识了北京一位潜心钻研契丹钱币的老收藏家，不经意间说出了自己藏有几枚可能是契丹钱币的情况。老收藏家听后，让他把钱拿到北京。经老收藏家和北京几位著名专家鉴定，确认是辽代钱币珍品后，通辽朋友以半送半转让方式将钱让给了老收藏家。并说老先生潜心研究契丹钱币，四枚钱归于先生可说是众望所归，希望先生能在契丹钱币研究上有新的收获！

四枚百年前发现的契丹钱币，历经充满传奇的百年历程来到北京，来到潜心研究契丹钱币学者的书案，为其研究提供了宝贵的实物凭证，这本身不就是一个传奇吗？

天鹅猛虎图金钱考释

百年前出土于辽圣宗庆陵中的纯金钱币，其中一对正面分别刻有一双天鹅和一对老虎，背分别镌刻《诗经·小雅·天保》的两句诗句。双天鹅钱背围绕穿孔环形阴刻《天保》诗第一章第一句"天保定尔，亦孔之固"，双虎钱背在穿左右分别阴刻《天保》诗第六章第一句"如月之恒，如日之升"。因其形制、工艺、风格与"承天太后赐与军节度使耶律奴瓜"金钱相同，故知其为辽圣宗时期制作的庆典祈祝钱。其图案钱文所反映的史实也证明其钱确实铸于圣宗朝。如钱上所反映的"捕天鹅"、"射猛虎"之情景，正是圣宗朝甫定"捺钵"地点的重要内容。这也是为二钱断代的重要依据。

契丹人春天"捺钵"的主要内容之一就是捕捉天鹅。据《辽史·营卫志》载当时情景：

鸭子河泺。皇帝正月上旬起牙帐，约六十日方至。天鹅未至，卓帐冰上，凿冰取鱼。冰泮，乃纵鹰、鹘捕鹅、雁。晨出暮归，从事弋猎。鸭子河泺东西二十里，南北三十里，在长春州东北三十五里，四面皆沙埚，多榆柳杏林。皇帝每至，侍御皆服墨绿色衣，各备连槌一柄，鹰食一器，刺鹅锥一枚，于泺周围相去各五七步排立。皇帝冠巾，衣时服，系玉束带，于上风望之。有鹅之处举旗，探骑驰报，远泊鸣鼓。鹅惊腾起，左右围骑皆举帜麾

契丹布帛画射天鹅图

之。五坊擎进海东青鹘，拜授皇帝放之。鹘擒鹅坠，势力不加，排立近者，举锥刺鹅，取脑以饲鹘。皇帝得头鹅，荐庙，群臣各献酒果。举乐，更相酬酢，致贺语，皆插鹅毛于首以为乐。赐从人酒，遍散其毛。弋猎网钩，春尽乃还。

海东青是一种善于捕捉天鹅的猎鹰，主要出产于女真族生活的辽东地区。为搜求捕天鹅的海东青，契丹朝廷派了大量的银牌使者往女真族居住区"市海东青"，到了那里后，这些银牌使者都照例要办一件事，那就是要找女真族少女陪他们睡觉，这种事居然成了一种不成文的规矩。宋人洪皓《松漠纪闻》：

大辽盛时，银牌天使至女真，每岁必欲荐枕者。其国旧轮中、下户作止宿处，以未出适女侍之。

女真贵族先是让中下户人家的女孩陪侍他们。但这些使者并不满足，有恃无恐，后来竟发展到只要是被看上眼的女子，就非得让她们"陪寝"不可，哪管她们有没有丈夫和出身门第的高低，最后导致了女真人的反抗，契丹帝国的灭亡。

春天捕天鹅，秋天猎虎鹿。契丹统治者把游猎当日子过，自己给自己脖子套上了绞索。《辽史·营卫志》对猎虎鹿也有详细的记载：

秋捺钵，曰"伏虎林"。七月中旬，自纳凉处起牙帐，入山射鹿及虎。林在永州西北五十里。尝有虎据林，伤害居民畜牧。景宗领数骑猎焉，虎伏草际，战栗不敢仰视，上舍之，因号伏虎林。每岁车驾

双天鹅背"天保定尔，亦孔之固"金钱面

至。皇族而下，分布泺水侧，伺夜将半，鹿饮盐水，令猎人吹角效鹿好鸣，即集而射之。谓之"舐碱鹿"，又名"呼鹿"。

从以上记载可以知道，钱上镌刻"天鹅"、"猛虎"并非仅作为装饰图案，而是形象地记录辽代重要的社会活动"四时捺钵制度"的"春捺钵"、"秋捺钵"。实际上是变相地肯定契丹这种独特的"四时捺钵"的"行朝制度"。因为辽皇帝与北、南大臣商议国事，处理和决定辽朝军政大事的"夏捺钵"、"冬捺钵"，难于用其他事物替代，所以只用"捕鹅"、"射虎"代指全部"四时捺钵制度"。

寓深厚的政治内涵于轻松活泼的动物形象之中，让人不能不佩服设计者的独具匠心。细细赏观两钱图案，无论"双鹅"或"双虎"，在构图上，形象设计上，刀法的运用上，都是那样的精心，细致，都是那样的举重若轻，匠心独运。你看那天鹅羽毛的毛绒感，天鹅眼神的惊惧感，是

那样的传神，让观者仿佛看得见"春捺钵"、"捕鹅"时天鹅被海东青迫逐乱飞的场面。

如果说天鹅塑造是写实，那双虎形象的展示就是写意了。它运用近似剪纸的技法，寥寥数刀就把虎啸山林的形象勾勒得呼之欲出，使人立即有了身临其境的感受，似乎虎啸就在耳边响起。对比粗犷的身形虎头的描绘，虎毛虎爪的的细微刀法的运用，可说是精致万分一丝不苟。再比如两图中祥云的装饰，一疏一密，既形象地再现了"捕鹅"和"射虎"不同的空间场景，也真实反映了"天鹅"或"猛虎"的不同气势和在画中所处的位置。粗犷而不粗糙，细腻而不细碎，神似不忘形似，形神相辅相成，这就是两钱图画达到的艺术境界。背文楷书诗句的书法，尽得唐人笔意，有颜、褚之风。字字雍容和豫，从心所欲而不逾距。风神萧散，笔意纵横，玉润珠圆，亦是辽代书法巅峰之作。

双天鹅背"天保定尔，亦孔之固"金钱背

两钱上的两句诗取自《诗·小雅·天保》，是一首为君王祝愿和祈福的诗。《毛诗序》云：

《天保》，下报上也。君能下下以成其政，臣能归美以报其上焉。

更具体一些，"此诗乃是召公致政于宣王之时祝贺宣王亲政的诗"。（赵逵夫《论西周末年杰出诗人召伯虎》）

辽圣宗时期的宰辅们为什么选了这样一首诗为皇帝祈福？没别的，就是因为辽圣宗有着和周宣王一样的亲政的经历。圣宗之父景宗去世时，辽圣宗才十二岁，国政只能由母亲承天皇太后临朝称制摄政。这一代管，一管就是二十四年。统和二十四年（1006），母亲将国政交付给圣宗，可是习惯于在母亲光环下生活的圣宗皇帝，事事都要向太后小心翼翼地禀告，没有一丝亲政的味道，太后也不举行归政大典。统和二十七年（1009），承天太后去世，身

双虎纹背"如月之恒，如日之升"金钱面

为孝子的辽圣宗要为亡母守孝三年。守孝期间，自然更不能举行亲政大典。统和三十年（1012），守孝期满，亲政大典才拉开了帷幕，年号更为"开泰"。

否极泰来。好日子开始之时，宰辅们恐怕再也想不出有比《天保》之诗更能表现对辽景宗亲政的祝贺的话语了，《天保》诗更能恰如其分地表达臣下对皇帝的祝愿和祈福。

《天保》诗共六章，分别是：宣王受天命即位，地位稳固长久；祝愿王即位后，上天将竭尽所能保佑王室，使王一切顺遂，赐给王众多的福分；祝愿王即位后，天要保佑国家百业兴旺；连用五个"如"字，极申上天对王的佑护与偏爱；祝愿周之先公先王保佑新王，带来国泰民安、天下归心的兴国之运；最后以四"如"字祝颂之，说王将长寿，国将强盛。全诗处处都渗透着对年轻君王的热情鼓励和殷殷期望，以及隐藏着的深沉的爱心。

在表现方法上，作者恰如其分地使用了一些贴切新奇的比喻："如山如阜，如冈如陵，如川之方至"及"如月之恒，如日之升，如南山之寿"等，既使得作者对新王的深切期望与美好祝愿得到了细致入微的体现，也使得全诗在语言风格上产生了融热情奔放于深刻含蓄之中的独特效果。

钱文虽仅选用了《天保》第一章第一句"天保定尔，亦孔之固"和最后一章第一句"如月之恒，如日之升"，但所

双虎纹背"如月之恒，如日之升"金钱背

表达的却是全诗的全部情感与全诗的所有祝愿。这种以局部代全局的笔法是契丹大臣高超文化修养的体现，更是对中华文化的一大贡献。

至此，可以断定这两枚天鹅猛虎图契丹《天保》诗句钱，是辽圣宗开泰元年（统和三十年，1012）十一月甲午朔，于中京举行亲政大典时，宰辅大臣们敬献给圣宗皇帝的特制祝愿与祈福钱。这些宰辅大臣应为当时的北院枢密使耶律化哥、南院枢密使邢抱质、南府宰相萧高八等人，其中的南院枢密使邢抱质是汉人，应是汉文《天保》诗句钱的始作俑者，钱上的文字亦应出自其手。

这两枚契丹《天保》诗句钱，是辽圣宗朝历史的见证，其所反映的许多历史事件，如圣宗亲政时间，圣宗守孝，亲政大典的召开，为什么直到统和三十年才改元"开泰"？"开泰"年号的真正含义，四时捺钵地点和制度的固定等等，都可补

《辽史》。这两枚契丹《天保》诗句钱，也是中国钱币文化的顶峰之作，是形式与内容完美结合的典范，是政治与艺术完美结合的典范，更是寓钱币以政治，驭钱币为政治服务的完美结合的典范。

这两枚契丹《天保》诗句钱，是继契丹文、汉文"面四神背赐与军节度使耶律奴瓜"金质对钱后，在辽故地发现的又一重大历史题材的汉文金质对钱，也是中国钱币史上艺术水平最高的钱币之一。它的面世再一次证明，契丹钱币文化是中国钱币文化中最光辉灿烂的奇葩。

龙凤图金钱考释

龙凤图背契丹文"赐银青崇禄大夫"金钱和天鹅猛虎图背汉文《天保》诗句金质对钱一同出土，是目前已知中国钱币史上唯一的一对契丹文"封官钱"，也是目前已知中国钱币史上唯一一对以帝、后二人身份同时敕封一个官职的金质对钱，还是目前已知世界钱币史上唯一的一对金质

龙纹背契丹文"封（赐）银青崇禄大夫"金钱面

139

显示帝、后夫妻权力平等的对钱。它的文物价值和历史价值是不言而喻的。

龙凤图背契丹文"赐银青崇禄大夫"金质对钱上的龙凤图案是已知历代钱币类似图案中最有气势、最为精致、最为传神、最为灵动的佳作之一。龙细身修尾，昂首吐舌，四足腾空，作戏火珠状，神态雄猛威武。凤高冠昂首，口衔灵芝，长尾如扇，屏张半空，展翅腾飞，神态优美。半浮雕技法娴熟，刀工细腻，鳞甲毛羽，惟妙惟肖，云纹灵芝纹，填实留白，构思巧妙，令人叹为观止。

龙凤图的设计暗寓多种玄机：龙头在穿上、凤首在穿下，暗喻乾（阳，皇帝）坤（阴，皇后）没有易位；龙钱圆穿、凤钱方穿，暗喻天（帝）圆地（后）方，皇朝体制未变。这些暗喻不是巧合或戏作，都应是有针对性的政治举措。龙图所戏丹珠上的隐秘押记，明确真实地证明了这一切。翡般润泽，玛瑙似艳红的包浆衬映着美轮美奂的龙飞凤舞图，古朴欢快，神秘厚蕴，展现了契丹高深莫测的文明和文化。

通过与面四神背阴刻契丹文"赐与军节度使耶律奴瓜"金质对钱的图案设计、雕刻技法、文字书法、形制特点、神韵风貌等的全方位比对，可以确认它们是同一时代、同一部门设计的，雕刻、书写人员在不同时期制作的艺术珍品。不同的是，面四神背阴刻契丹文"赐与军节度使耶律奴瓜"金质对钱是典型的"赏赐钱"，而龙凤图背契丹文"背封银青崇禄大夫"金质对钱是别出心裁的创新品种——封官

钱。"赐与军节度使耶律奴瓜"金质对钱钱面四神，是驱邪避灾的宗教图案，说明钱币是太后御赏之物；而龙凤图背契丹文"封银青崇禄大夫"金质对钱的面龙凤图案却是契丹帝、后的专用纹饰，表明该钱是帝、后正式敕令的。

龙纹钱、凤纹钱本不稀奇，令人不可思议的是钱背一模一样的阴刻契丹文话语："封（赐）银青崇禄大夫。"这句话不是一般的祈祝吉祥话，而是只有当政的皇帝和称制的皇太后才有资格颁布的封官敕语——圣旨。按常理，皇后是没有这种资格的。查历史上皇帝、皇后同时处理国政的被称为"二圣临朝"的案例，如唐高宗与皇后武则天、辽景宗与皇后萧燕燕等，均少见二人同时对同一件事下旨的记录，仅见或皇帝或皇后以自己名义颁旨的情况。

依封建礼仪，"乾坤位顺"国家才能安定。"天无二日"，一个国家只能一个人说了算，"称制"或"垂帘"的皇太后不会让掌控下的皇帝和自己同时下旨处理国政，当政的心理正常的皇帝也不会让母后和妻后和自己同时下旨处理政务。那这对契丹文"龙凤图背封银青崇禄大夫"金钱是怎么回事？为什么在辽朝鼎盛期，在号称一代明君的圣宗朝竟会出现这种"坤据乾位，阴夺阳光"的咄咄怪事？原来这背后隐藏着一段鲜为人知的宫廷秘闻。

《辽史·圣宗纪》载，辽圣宗先后有两位皇后。统和四年（986）九月辛巳，辽圣宗十五岁时，纳皇后萧氏（没有留下名字）；统和十一年（993），年仅十二

龙纹背契丹文"封（赐）银青崇禄大夫"金钱背

岁的萧菩萨哥因"美而才，选入宫"。圣宗时年二十二岁。统和十九年（1001）三月壬辰，圣宗三十岁时，皇后萧氏以罪降为贵妃。当年（统和十九年，1001）五月丙戌，册十九岁的贵妃萧菩萨哥"齐天皇后"。

"齐天"这个封号可非同一般。要知道辽国皇帝是高于一切的"天"，皇后只是天覆盖着的"地"。所以，后只能服务辅佐于帝，而不能奢望与皇帝平起平坐，即使皇帝的生母也只能"应天、承天、法天、仪天"。"齐天"显然是逾制，是对皇权的挑战，可当时为什么没人敢站出来拦谏呢？因为没人敢，因为"齐天皇后"的两个后台实在太厉害了。拦谏册封无异于虎口拔牙，自己找死。"齐天皇后"的两个后台，一个是亲姑母当政的承天皇太后，一个是权倾朝野的亲舅父兼亲姑父的大丞相韩德让，得罪这两位会有好下场吗？

齐天皇后萧菩萨哥本是一个权力欲极强的女人，她在当皇后之前，利用她姑母

承天皇太后和舅父大丞相韩德让的权势，做了很多陷害当时萧皇后的事，让姑母以莫须有的罪名逼皇后让出皇后宝座给她，并争得和圣宗共同管理朝政的权力。册其为"齐天皇后"，目的就在于宣示她的地位和皇帝相同比齐。中国王朝史上仅有唐武则天可和她媲美，夫妻同称"二圣"，但在尊号上也没能比齐，菩萨哥的齐天尊号超越她姑母承天、祖婆婆应天、兴宗母仪天法天、道宗母宗天等所有辽后，显示了她恃宠骄横真面目。

在承天太后和韩德让先后去世还政圣宗后，齐天皇后立即把朝纲管理权抢到自己手里，架空了缺乏政治经验的圣宗。她"置宫闱司，补官属，出教命"，加号"仁慈翊圣齐天彰德皇后"，执掌朝政长达二十年。她可以不通过圣宗任命撤换各级官员，下达处理朝政的各项勅命。在她把持朝政期间，仍不放过无罪被废的萧皇后，竟于开泰六年（1017）六月下令将其

凤纹背契丹文"封（赐）银青崇禄大夫"金钱面

赐死。因萧后冤深似海悲情感天，天下人都同情她的不幸，竞相把她的死和上天降灾"大风起塚上，昼暝，大雷电而雨不止者踰月。是月，南京诸县蝗"联系在一起，为她鸣冤叫屈。金、元编史官对这两件最能说明齐天品德的圣宗朝最重要的史实，讳忌莫深，大加砍削，以至在今天的《辽史》中仅能见到些许蛛丝马迹。

龙凤图背契丹文"封银青崇禄大夫"金质对钱的现身于世，还原了这段被元代文人篡改颠倒的历史，提供了确凿的铁证，戳穿了"齐天皇后"的美丽面具，把她的越权违制、骄奢淫逸、不顾国计民生，变本加厉，大兴奢侈之风，以动摇国本的种种恶行，揭露于世，为人们重新认识元编《辽史》，提供了可靠的佐证资料。

这两枚辽圣宗与齐天皇后同时颁制的龙凤图背契丹文"封银青崇禄大夫"金质对钱，封的是多大的官？封给谁的？从中可窥到辽朝官制哪些奥秘？这要从"银青崇禄大夫"这个官职的源头谈起。

"银青崇禄大夫"原名"银青光禄大夫"，为避辽太宗耶律德光名讳，辽易"光"为"崇"。"光禄大夫"始设于汉代。与谏议大夫、太中大夫等同为掌论议之官。"光禄大夫"带银印青绶，是为从三品的高官。魏晋以后，因有特加金印紫授者，遂有金紫光禄大夫，银青光禄大夫之别，

唐"安史之乱"后天下板荡，制度败坏，官制随之扰乱：

是时府库无蓄积，朝廷专以官爵赏功，诸将出征，皆给空名告身，自开府、

凤纹背契丹文"封（赐）银青崇禄大夫"金钱背

特进、列卿、大将军，下至中郎、郎将，听临事注名。其后又听以信牒授人官爵，有至异姓王者……及清渠之败，复以官爵收散卒。由是官爵轻而货重，大将军告身一通，才易一醉。凡应募入军者，一切衣金紫，至有朝士童仆衣金紫，称大官，而执贱役者。名器之滥，至是而极焉。

唐德宗兴元元年（784），适德宗播越，时陆贽有疏云：

……故国家命秩之制，有职事官，有散官，有勋官，有爵号，然掌务而授俸者，唯系职事之一官也，此所谓施实利而寓虚名者也。其勋、散、爵号三者所系，大抵止于服色、资荫而已……

唐建中赦许带宪衔，遇赦加恩，踵为故事，有积阶至司徒、司空、仆射、太保者，甚为乡里之荣。初遇赦，即带银、酒、监、武，银谓银青光禄大夫，酒谓检校国子祭酒，监谓监察御史，武谓武骑尉也。

辽对于官员的品阶、散官的滥授更甚。低级官吏获得极高阶衔的现象比比皆是，甚至一些捐粟得官者、匠人都可以得到高的阶与散官。如辽乡绅张世卿："大安中，民谷不登……公进粟二千五百斛……皇上喜其忠赤，特授右班殿直，累覃至银青崇禄大夫、检校国子监祭酒、兼监察御史、云骑尉。"再如，《悯忠寺石函题名》中康日永的结衔为："右承制，银青崇禄大夫、兼监察御史、武骑尉。"其身份却是"故盖阁都作头"。其侄康敏的结衔亦为"右承制，银青崇禄大夫、兼监察御史、武骑尉"，身份为"盖殿宝塔都作头"。即使如捐

契丹帛画皇帝捺钵升帐图

粟者、工作都作头都能有如此高的结衔，所以，从实际情况看，辽圣宗与齐天皇后同时封赏的"银青崇禄大夫"也只不过是个徒有虚名的高阶散官虚职而已，无实际意义，其作用仅在于门荫、赎罪罢了。

总之，辽朝的官制是极其复杂而诡秘的，在沿袭唐制的同时，对北宋的官制也有相当程度的借鉴，研究者尤其要注意。至于散官、阶、兼、勋中的"银酒监武"，都应视为虚衔，而不能当成实授。辽朝官员的散官、阶绝大多数不能对应实职，即散官、阶的高低与实职并不成正比。对于某位官吏众多的结衔，除了无实授（类似宋朝的无差遣）的"寄居官""和累授者外，一般只能确定一种为实授。

从以上情况看，授这加阶虚职官的大约是齐天皇后的"宫闱司"，因为授实职官要经过北、南大王、枢密使、宰相会议，"宫闱司"，应没有这个权利，特别是在齐天皇后的后台承天太后和大丞相去世后，这授实职官的权力应已经被剥夺。

这次颁封"银青崇禄大夫"官阶的时间，如前所叙，应为开泰元年（统和三十年，1012）十一月甲午朔，辽国举行庆祝圣宗皇帝亲政大典之时。颁封"银青崇禄大夫"官阶，应只是当时颁封的各种阶、勋、爵、虚、兼、散、寄、实等官职中的一种，相信颁封时也都有各种封官钱颁发。据《辽史·圣宗本纪》载，大典前后共封赏数十人，至于多少人被加官"银青崇禄大夫"，由于史料的缺失，今天已无从考究。聊可欣慰的是，今天这一对辽圣宗与

齐天皇后铸制的龙凤图背契丹文"封银青崇禄大夫"金质对钱，竟没被历史的烟尘湮没，竟穿过千年风云来到我们面前。

"国舅太尉"是一个什么样的官职？
——契丹文"国舅太尉"背"双龙戏珠"钱考

这是一枚别致的契丹文现职官员为皇帝祝寿的钱币，钱面上用契丹小字标明祝寿人的官职，钱背镌有两条栩栩如生的腾飞戏珠之龙。其镂雕手法之高超，设计布局之奇妙，令人叹为观止。它的问世，为此前无人能准确断代的民俗钱"龟龄鹤寿背双龙戏珠"，带来了准确断代契机。因为两种钱的背图一模一样，不仅神似而且每一细节，如鳞片、火珠，龙眼、龙爪等等无不神形酷肖，一眼视去，即知两图出于一手。如果契丹文"国舅太尉"背"双龙戏珠"钱，能借助契丹文钱文准确断代，就可以为"龟龄鹤寿"背"双龙戏珠"民俗钱准确断代了。

契丹文"国舅太尉"背"双龙戏珠"钱，以契丹独有的合金材质铸造。这种合金以铜为主，含有一定数量的金银和多种微量元素为折十大钱，不容易生锈，只有一层褐黄色包浆。该钱形制规整，材质温润，辽风盎然，为一眼辽钱。钱面镌四个契丹小字钱文，隶书，书法生涩拙朴，顺读（上下右左），汉译为"国舅太尉"。钱背双龙戏珠图，辽龙雄姿勃发，伸展腾挪，活灵活现。径46.69毫米，穿9.62毫米，厚4.65毫米，重50.6克。

"国舅太尉"是契丹独有的一种官职，是辽国"以国制治契丹"的北面官系统里，对皇后一族实行管理的"大国舅司"的最高武职官员，是三品以上高官。

契丹文"国舅太尉"背"双龙戏珠"金钱

"龟龄鹤寿"背"双龙戏珠"铜钱

辽国是由天族耶律皇族与地族萧氏后族所共同组成的"天朝"，后族世代与皇族通婚，契丹国的皇后、嫔妃绝大多数都出自后族，后族位高权重。"大国舅司"也可说是除皇族横帐"大惕隐司"外最重要的北面官机构，也是北面官系统中最重要的官员之一。

后族萧氏，即国舅属族，是怎么样的一个氏族呢？《辽史·外戚表·序》：

契丹外戚，其先曰二审密氏：曰拔里，曰乙室已。至辽太祖，娶述律氏。述律，本回鹘糯思之后。大同元年，太宗自汴将还，留外戚小汉为汴州节度使，赐姓名萧翰，以从中国之俗。由是拔里、乙室已、述律三族皆为萧姓。拔里两房，曰大父、少父；乙室已两房，曰大翁、小翁；世宗以舅氏塔列葛为国舅别部。三族世预北府宰相之选。

需要特别指出的是，这里把后族述律氏与二审密的拔里、乙室已并列为三族与史实不符。述律氏与二审密的关系，实际上是不同时期人们对后族的不同称呼。"审密"一氏，起于唐代武则天时期与李尽忠一起举兵反唐的契丹首领孙万荣，孙即出自审密氏，孙即"审密"，辽国后族也即是"审密"氏成员。既然述律氏是"审密氏"成员，可为什么又称其"述律，本回鹘糯思之后"？原来，这里面藏着一个鲜为人知的故事。

《元史·石抹也先传》载：

石抹也先者，辽人也。其先，尝从萧后族入突厥，及后还而族留。至辽为述律氏，号称后族。辽亡，改述律氏为石抹氏。

萧（即"审密孙氏"）后族入突厥的事，发生在唐武则天万岁通天元年（696）冬十月辛卯和神功元年（697）六月甲午。突厥默啜可汗乘间袭松漠，俘虏正与唐军激战的契丹无上可汗李尽忠和大夷离堇孙万荣的妻子及其他老幼妇女以归。俘虏中就有述律氏的先人，他们都成了突厥奴隶。《旧唐书》卷一九四《突厥传》和《新唐书》卷二一五《突厥传》都详细记载了这件事。

唐天宝四年（745），回鹘灭突厥，在突厥沦落近五十年的契丹审密氏，作为突厥俘虏又被纳入了回鹘族群。唐天宝十四年（755），兵败于安禄山的契丹遥辇汗国，举国归附了回鹘汗国。自此回鹘一直控制着契丹，并派遣使者监控其地。正是在回鹘监控契丹的时期，述律氏先人作为回鹘人的监控使进入契丹领地，并拥有很高的地位和特权。回鹘西迁后，述律氏先人留了下来，而且依靠以前在契丹社会中的特殊地位而站稳了脚跟，以后势力逐渐强大。述律平的父亲婆姑梅里，担任遥辇氏汗国的阿扎割只，其权力及其在契丹社会中的地位可见一斑。其与耶律氏的通婚不如说是二者在政治上的一种联合。所以述律平嫁给耶律阿保机后，确立了述律氏的后族地位。这就是为什么一个地位微小的、具有回鹘血统部落里的述律平有缘分嫁给皇族耶律氏贵族阿保机的主要原因。

至于《辽史·外戚表》里所说后族是由拔里，乙室已和国舅别部组成，"三族世预北府宰相之选"，以及拔里大父、少父房，乙室己大翁、小翁房等内容，均是皇后述律平一家几兄弟分支在不同时期的不同称谓，及述律平父族一系和母前夫一

系。所谓的拔里大父房是指应天后同母异父兄萧室鲁一支，拔里少父房指的是应天后亲弟萧阿古只一支；所谓的乙室巳大翁帐指的是应天后亲兄萧敌鲁一支，乙室巳小翁帐指的是应天后同父异母兄萧欲隐一支。国舅别部指的是应天后堂弟术鲁烈一支。

最早担任"国舅太尉"是穆宗时的萧思温，出于拔里大父房，在辽太宗时曾任"国舅太尉"。萧思温是"断腕太后"述律平的族侄，他的妻子是辽太宗耶律德光的女儿燕国公主耶律吕不古。萧思温饱读书史，却是一位名不符实的军人。他长期担任南京留守的重任，却从来没有靠自己的本事打过一场胜仗。但他作为辽穆宗不离的左右亲信，才有了机会促使辽景宗登基、把他女儿萧绰推上历史舞台，成就了一代天后的机会。

辽穆宗被弑，没有子嗣，只有萧思温在旁，谁来继位？耶律氏中有资格问津帝位的人不在少数，萧思温则想到了与自己来往甚密的耶律贤——辽世宗耶律阮的次子。他决定做一次大大的政治投机，一面封锁消息，一面连夜报讯给耶律贤。耶律贤闻讯，立即率亲信飞龙使女里、南院枢密使高勋等人，带着千名铁甲骑兵奔赴黑山。抵达时，正是穆宗遇刺的次日黎明，就在穆宗的灵柩前行了即位之礼，当上了辽国的皇帝，即圣宗皇帝。由于失去了先机，他的两个女婿太宗之子齐王罨撒葛、李胡之子宋王喜隐等人只能对着皇位干生气了。为了表示感激拥立之情，景宗一回到上京，就晋封萧思温为北院枢密使、北

"龟龄鹤寿"背"双龙戏珠"铜钱

府宰相、尚书令、魏王，并且征召他的女儿萧绰入宫。萧绰三月刚进宫，就被封为贵妃，仅仅过了两个月，就在五月被正式册封为皇后了。

不久萧思温被人暗杀，景宗病倒，一切国务落到年仅十七岁的小皇后身上。景宗为赋予妻子权力，将妻子的地位升到与自己等同的程度，并且将此著入法令，使得萧绰实际上成为了大辽国的女皇，造就了中国历史上标柄史册的千秋伟业。

虽然这枚契丹文"国舅太尉"背"双龙戏珠"祝寿钱，不一定是萧思温的遗物，但肯定是为了纪念一代天后的父亲"国丈太师"，同样是件有意义的事。史载，自萧思温后，担任过"国舅太尉"的后族成员只有开泰元年后的萧孝诚。所以，这枚契丹文"国舅太尉"背"双龙戏珠"祝寿钱，应是开泰年间任"国舅太尉"萧孝诚为庆祝辽圣宗

"千龄节"特殊铸造的祝寿钱，因为"龟龄鹤寿"背"双龙戏珠"钱是典型的祝寿钱，两钱互证既断定了两钱铸造时间，也为各自铸主找到认定依据。它们都是臣下为圣宗祝寿而特铸。

契丹文"千秋万春"银钱与四"卍"字背阴刻契丹文"千秋万岁"金钱

契丹文"千秋万春"银钱，制作精整朴素大方，材质细腻温润，含银量高达98%，显系经精纯提炼。径40.69毫米，穿5.05毫米，厚3.23毫米，重31.3克。钱文四个契丹小字，按右旋读读作"千春万秋"；按左旋读读作"千秋万春"。右旋读"千春万秋"把人说得越来越老，是大不敬的词语。左旋读"千秋万春"是恭维人越活越年轻的吉祥话。故此，笔者确定此钱文的正确读法是左旋读（上左下

契丹文"千秋万春"银钱

右）——"千秋万春"。

面四"卍"字背阴刻契丹文"千秋万岁"金钱，径37.44毫米，穿8.36毫米，厚3.5毫米，重23.2克，含金量80%。钱面用四出文分作四方，每方里有一"卍"字。钱背阴刻四个手写体契丹小字，只能按对读（上下左右），读作"千秋万岁"。刀刻痕迹明显，笔画拐角处可见刀锋挤压起的钱肉。材质不够精纯，略觉生涩稍欠温润。

为什么把两枚钱放在一篇文章里分析？首先，这两枚钱都是贵金属铸币；其次，钱文内容相近，表明使用手法相似；其三，虽钱文一铸一刻，但从字文推断，用途应属一致。

从以上三点可知两钱都非行用钱，而是特制的宫廷皇家赏赐用钱，而且是专为庆祝皇帝、皇后、太后生日的节庆赏赐用钱。

契丹人历来对生日看得很重，皇帝、皇后、太后的生日都被定为国家的节日，

举国庆祝。每十二年"本命年"时，都要隆重举行一次再生仪。现在东北人、内蒙古人到了"本命年"，系红腰带、穿红裤衩的习俗，应来自契丹人的"再生仪"。契丹钱中有一种钱面用真、行、草、隶、篆不同字体书写"福德长寿"、钱背分别为十二种本命星官或本命元神及生肖的套钱，非常珍稀。国内目前尚未见一人收全一种字体的十二枚小全套钱，更不用说收全各种字体（最少五种）各十二枚的大全套钱。这种十二枚一组的套钱，就是契丹人在庆祝本命年举行"再生仪"时特铸的"再生仪"纪念钱。

遇皇家重要人物生辰时，铸钱机构事前就铸好了节庆时的"祝寿钱"和供主人颁赏的"赏赐钱"。"祝寿钱"与"赏赐钱"形制有时相同，有时不同。"祝寿钱"有时是特铸的"赏玩钱"、"趣味钱"、"图案钱"、"祈祝钱"，而"赏赐钱"往往都是"吉语钱"、"吉祥图案钱"。两种钱统和年以前，金、银、铜钱全有，特别"祝寿钱"

"千秋万岁"背"福德长寿"大型钱

面四"卍"字背阴刻契丹小字"千秋万岁"钱

铜钱较多。统和后，铜钱逐渐退出了"祝寿钱"行列，最后竟完全被金、银钱替代。

契丹文"千秋万春"钱，应为祝太后、皇后寿诞之"祈祝钱"。"万春"虽和"万岁"在长寿的意思相近，但"万春"的"春"却含有专指女性的含义。《辽史》记有：

统和二十四年（1006）八月，改南京宫左掖门为"万春"，右掖门为"千秋"。

左掖门是女门（阴）始称"万春"，右掖门为男门（阳），所以称"千秋"。从上述记载，可断定"千秋万春"钱是向太后或皇后祝寿的"祝寿钱"。

面四"卍"字背阴刻"千秋万岁"钱，应为庆祝契丹皇帝圣诞的"祝寿钱"。祝皇帝"千秋万岁"祝寿钱，早在唐朝就很常见，而面四卍字背阴刻"千秋万岁"钱却很少见，四"卍"字面文更稀罕。"卍"字是一种在很多国家都流行的古老而又神秘的符号。据专家考证，"卍"字原型实为蛙肢体形状的变形，是女性生殖器的象征物，"卍"字实际上就是女性生殖器的抽象符号。"卍"字后来在佛教传入契丹后而被广泛使用，它已被赋予了特殊的含义。

唐僧人慧苑在《华严音义》中谈到"卍"字时说：

"卍"本非汉字，周长寿二年（693）权制此文，音之为"万"，谓吉祥万德之所集也。

叶明鉴在其《中国护身符》一书中言说道：

皇室官家用"卍"象征千秋万代永不变色，黎民百姓用"卍"来祈盼子孙绵延，富贵安康。

钱上被四出文分割的四隅，代表天下四方。每方有个吉祥万德的"卍"字，寓意"契丹天下千秋万代天祚绵延，富贵安康"。背阴刻文"千秋万岁"，寓意"祈祝皇帝健康长寿"。合起来就是："祈祝皇帝健康长寿，契丹天祚绵延，富贵安康！"

两枚钱铸造时间应在辽圣宗统和末期，此时的萧太后已经年逾五旬，韶华不再，但她事业有成，着实希望自己青春永驻，乐享天年。所以在她"承天节"圣诞之日，人们祈祝她"千秋万春"，永远健康越活越年轻——祈祝皇帝健康长寿，和平契丹天祚绵延，富贵安康！

契丹钱币上的"四大天王"

在崇佛、佞佛的契丹国，礼佛钱较多，汉文钱、梵文钱、图案钱应有尽有，但很少见到契丹文礼佛钱。著名钱币学家李卫先生收藏的契丹文"四大天王"礼佛钱，可说是其中罕见的珍品。该钱径38.3毫米，重17.3克，钱体较轻薄。钱形制精整，面背缘郭、宽窄相近。穿孔较阔，钱文较大。钱文隶楷相间，隶味浓郁，钱文顺读（上下右左）："四大天王。"包浆深沉，锈色层次感强，色泽温润悦目，为开门见山之真品。

四大天王是佛教的护法神，在二十诸天中排行三四五六，在天王殿中享受供奉。佛教认为，宇宙有三界二十八层天，从下往上依次是欲界、色界、无色界。其中，欲界的第一层天叫"四天王天"，四天王天就在著名的须弥山山腰，那里耸立着一座犍陀罗山，此山有四山峰，由"四宝所成，东面黄金、西面白银、南面琉

契丹文四大天王钱（李卫藏）

璃、北面玛瑙"，称"须陀四宝山"，高三百三十六万里。四天王的任务是各护一方世界，即佛教说的须弥山四方的东胜神洲、南赡部洲（中国在此洲）、西牛贺洲、北俱卢洲。故四大天王又称"护世四天王"。

四天王各有九十一子，辅佐四天王守护空间十方，即东、西、南、北、东南、西南、东北、西北以及上、下。四大天王手下各有八位大将（金刚），帮助管理所属各处山河、森林以及地方小神。众大将（金刚）中居首位的是韦驮，专门保护出家人，因此备受僧尼尊崇。

东方持国天王，名多罗吒，住须弥山黄金埵，身白色，穿甲胄，手持琵琶。"多罗吒"是梵文（Dhritarastra）的音译，意译为"持国"，含义是慈悲为怀，保护众生，护持国土。他是主乐神，故手持琵琶，表明他要用音乐来使众生皈依佛教。负责守护东胜神州，是"二十诸天"

中的第四天王。

南方增长天王，名毗琉璃，住须弥山琉璃埵，身青色，穿甲胄，手握宝剑。"毗琉璃"是梵文（Vidradhaka）的音译，意译为"增长"，能令众生增长善根，护持佛法。他手仗宝剑保护佛法，不受侵犯。负责守护南瞻部洲，是"二十诸天"中的第五天王。

西方广目天王，名毗留博叉，住须弥山白银埵，身红色，穿甲胄，右手中缠一龙（也有的作赤索），为群龙领袖，左手握一宝珠。"毗留博叉"是梵文（Virapaksa）的音译，意译为"广目"，意思是能以净天眼随时观察世界，护持人民。看到有人敌对佛教，即用索捉来，使其皈依佛教。他负责守护西牛贺洲，是'二十诸天'中的第六天王。

北方多闻天王，名毗沙门，住须弥山水晶埵，身绿色，穿甲胄，右手持宝伞（或作宝幡），左手握神鼠——银鼠。"毗沙门"为梵文（Vaisravana）音译，

意译即"多闻"，寓意福德之名闻于四方。他手持宝伞，用以制服魔众，保护人民财富。多闻天王原是古印度教的一位天神，既是北方的守护神，又是财富之神，是一位大"财神爷"，故其在四天王中信徒最多。他负责守护北俱芦洲，是"二十诸天"中的第三天王。

四大天王也分别被称为"风"、"调"、"雨"、"顺"四天王。中国佛教徒认为南方增长天王持剑，代表"风"；东方持国天王拿琵琶，代表"调"；北方多闻天王执伞，代表"雨"；西方广目天王持蛇，代表"顺"。组合起来便成了"风"、"调"、"雨"、"顺"四大天王。

现在中国寺庙里四大天王形象，都是元、明后被彻底汉化的形象，皆为汉人武将打扮。实际上，唐、五代、辽、金时四大天王的形象并不是这样，特别是武器有很大区别。

笔者有一枚契丹镏金四大天王人物图案钱，出土于内蒙古通辽市科左翼后旗常胜乡。穿右天王站在莲花台上，顶盔贯甲，左手拄一长与身同高的武器，非枪非棍，右手执一小人形物，大概是妖魔之类的东西，背有背光；穿左天王足蹬祥云，头发高耸，右手执一鞭剑类短兵器，腰中缠绕着三圈巨蛇，左手握着蛇头；穿上天王鸟嘴人面，光头无发，背生一双巨型翅膀，赤手空拳，作飞行状；穿下天王右腿弓左腿蹬，光头无须，右手向脑后平举一刀剑类短兵器，左手伸向身后，全身做苏秦背剑姿式。四天王动静契合，姿态各

契丹四大天王钱

异，画面灵动，让人赏心悦目。

笔者还有另一种版别的契丹造四大天王钱，似乎比前一种年代要晚些，制作浑朴厚重。钱面被四出文分成四个空间，代表世界之四方，各方的守护神守卫在自己的管界里。此时的四大天王已全部成为武将形象，顶盔贯甲，身披斗蓬，头部都有光环，但手里兵器仍不是现在寺庙里天王像手拿的剑、琵琶、伞、蛇鼠，而是三股叉、短匕、弓箭、金刚杵。四天王姿态各异，似静实动，蓬飞带舞，威风八面。

契丹人为什么对佛教四大天王感兴趣，还铸造了多种文字钱图案钱？其实这和宋朝初年尊崇道教的黑煞、真武、天蓬、天猷四神有关。宋太宗把此四神尊为"四圣"，抬到保护社稷的天神地位予以祭奠。目的就是用此四神镇摄北方的强敌契丹。宋·杨亿《谈苑》称：

开宝（968—975）中，有神降于终南山，自言："我天之尊神，号黑煞将军，与真武、天蓬、天猷等列为天之大将。"

王钦若《翊圣保德真君传》详记其事，谓该神向宋太祖说："吾乃高天大圣玉帝辅臣，盖遵符命降卫宋朝社稷。"宋太祖对此"未甚信异"。至宋太宗嗣位，始敬信之，命于终南山筑上清太平宫以祀，并于太平兴国六年（981）封之为翊圣将军（宋真宗时加封翊圣保德真君）。太宗为什么敬信之？因为他攻契丹屡战屡败，叫契丹人杀得吓破了胆，所以找来几位天神保驾。

鉴于宋太宗妄图以道教"四圣"厌胜

契丹四大天王鎏金钱（笔者藏）

契丹，契丹景宗就针锋相对请来了佛教的护法天神"四大天王"作为契丹的社稷保护神。四大天王地位尊崇，法力无边，道家卑微的"四圣"就显得相形见绌自愧不如了。直到宋真宗抬出真武，并把他抬到"北方大帝"至高无上的地位时，宋与契丹这场道佛之战才达到势均力敌的平衡，并伴随着"澶渊之盟"的签订而休战。

由于"四大天王"在宋与契丹的军事战、政治战、宗教战中，都为保卫契丹尊严立下了卓越的功绩，所以人们更加崇信他们，尊奉他们。以至造出各式各样的被契丹人改造过的赋予新的内容的"四大天王"文字钱、图案钱，祭祀他们，乞求他们的庇护降福。"四大天王"的崇信热直接推动了契丹国的崇佛热，辽景宗后，崇佛、佞佛已成为契丹国上下无可遏制的洪流，一代更比一代放纵它的泛滥。

李卫先生的契丹文"四大天王"钱应铸造于辽圣宗统和年间，此时正是宋"四圣"香火最盛、膜拜最勤之时，契丹保护神"四大天王"已正式上任多年，契丹国号新又恢复，适时适量铸些祭祀社稷保护神钱于情于理都是正当的必要的。

笔者的面四出"四大天王"神像钱，似应也铸于此时，其顶盔贯甲一副战将气势，不正是契丹战神耶律斜轸、耶律休哥、萧挞凛、耶律奴瓜的形象吗？

而鎏金"四大天王"钱，似乎铸造时间早很多，应是佛教四大天王刚传进契丹、佛教四大天王形象尚未固定时的产物，钱上的人物形象应是契丹人用其祖先及萨满教某种神的形象代替四大天王的结果。它的准确铸造时间应无法确切断定。

契丹文"四大天王"钱，仅见此一枚，其珍贵程度不言而喻。"四大天王"神像钱也很稀少，几年也仅见两三枚，早期鎏金版更是传世仅见。稀少的原因，除当时铸量就少外，更重要的原因是，它们是契丹人的保护神，汉人忌讳它，不铸造它，不收藏它，而且要毁弃它。这种情况

契丹四大天王钱（笔者藏）

直到元、明时期，特别是《西游记》把四大天王改造后，形势才得到改观，才重新获得了汉族人的尊崇。而这时佛道钱又不兴铸护法神名称钱和神像钱了，故"四大天王"钱并没增多，仍保持罕见之品位。

契丹人的"捺钵"活动
——契丹文"秀绿日春"赏赐金银钱考释

契丹旧俗，畜牧渔猎以食，皮毛以衣，转徙随水草。契丹帝国建立后，皇帝在游猎畋渔地区所设行帐称"捺钵"。辽圣宗时，四时捺钵大体有了固定地点和制度。春捺钵在长春川鸭子河添捕鹅，在洮儿河钓鱼；夏捺钵无定所，一般多在庆州三百余里的吐儿山或炭山避暑、下棋、游猎；秋捺钵在永州西北五十里的伏虎林射鹿；冬捺钵在永州东南三十里的广平淀避寒，校猎讲武，兼受南朝宋国及诸国使节朝贺。契丹皇帝去捺钵时，契丹官员全体随行，部分汉官也要扈从。夏、冬捺钵，契丹皇帝与北、南大臣商议国事，处理和决定契丹国的军政大事。终契丹之世，四时捺钵制度沿袭未变。

契丹人对四时捺钵的喜好，一半是沿袭旧俗，一半是贪图享乐，更是游牧民族的天性使然。契丹人因热爱四时捺钵，除写了很多文学作品吟咏歌唱它，赞美它，还铸造了一些文字钱、图案钱形象地表现四时捺钵时的美好情形。所见到的契丹文"秀绿日春"四时捺钵赏赐金银钱，就是捺钵题材钱币其中最珍稀的珍品之一。

该种金钱径41.31毫米，穿径6.43

契丹文"秀绿日春"赏赐金钱

毫米，厚2.66毫米，重34.2克；银钱径41.36毫米，穿径6.39毫米，厚2.91毫米，重29.1克。两钱文字相同、读序相同，同样铸制精美，缘郭齐整。四个颇具颜体意味的契丹小字楷书，端庄秀美，仪态万方。钱文右旋读，汉译为"秀绿日春"，意思大约是"伴随着秀美绿色的增多，春天的景色一天比一天迷人"。

关于"春捺钵"，《辽史》卷三十二《营卫志》对其记载颇为详细，前文已有叙述。《辽史》卷四十《地理志》也记载道：

漷阴县，本汉泉山之霍村镇。辽每季春，弋猎于延芳淀，居民成邑，就城故漷阴镇，后改为县，在京东南九十里。延芳淀方数百里，春时鹅鹜所聚，夏秋多菱芰。国主春猎，卫士皆衣墨绿，各持连鎚、鹰食、刺鹅锥，列水次，相去五七步。上风击鼓，惊鹅稍离水面。国主亲放海东青鹘擒之。鹅坠，恐鹘力不胜，在列者以佩锥刺鹅，急取其腊饲鹘。得头鹅

者，例赏银绢。国主、皇族、群臣各有分地。户五千。

这里展示一枚记录契丹承天太后母子纵海东青捕天鹅、大雁的铁钱，形象地再现了辽圣宗春捺钵的情形：

鹰鹘疾如箭，鹅雁落平川。骑者草上飞，鼓鸣腾水岸。千帆摇星落，万军动地颤。安乐不思进，扼腕叹契丹。

钱上一面铸太后，一面铸圣宗，纵骑奔驰鹰击长空的情形表现得精细入微，惟妙惟肖。

宋代《燕北杂录》记载了承天太后和圣宗春捺钵钩鱼的详细情景：

达鲁河东与海接，岁正月方冻，至四月而绊。其钩是鱼也，虏主与其母皆设次冰上，先使人于河上下十里间以毛网截鱼，令不得散逸，又从而驱之集冰帐。其床前预开冰窍四，名为冰眼，中眼透水，旁三眼环之不透，第斫减令薄而已。薄者所以候鱼，而透将以施钩也。鱼虽水中之物，若久闭于冰，遇可出水之处，亦必伸首吐气，故透水一眼，必可以致鱼。而薄

契丹文"秀绿日春"赏赐银钱

不透水者将以伺视也。鱼之将至，伺者以告北主，即遂于所透眼中，用绳钩掷之，无不中者。即中遂纵绳令去，鱼倦即曳绳出之，谓之得头鱼，遂相与出冰帐，于别帐作乐上寿。

宋李焘《续资治通鉴长编》卷八十一亦记载：

宋大中祥符六年，契丹开泰二年（1013）九月，翰林学士晁迥等使还，言始到长泊，泊多野鹅鸭，辽主（圣宗）射猎，领帐下骑，击扁鼓，绕泊，惊鹅鸭飞起，乃纵海东青击之，或亲射焉。辽人皆佩金玉锤，号杀鹅杀鸭锤。每初获，即拔毛插之。以鼓为坐，遂纵饮，最以此为乐。

晁迥是宋人，他亲眼看到的辽主（圣宗）春捺钵的情形，与《辽史》中的记述完全一致。而南宋的大词人姜夔更是以诗歌的形式，对辽主（圣宗）"春捺钵"时海东青的捕猎天鹅的有着更为艺术的反映。

《白石道人集》卷上《契丹歌》云：
平沙软草天鹅肥，契丹千骑晓打围。
皂旗低昂围逐急。惊作羊角凌空飞。
海中健鹘健如许，鞲上风声看一击。
万里奔追不可知，划见纷纷落毛羽。

契丹皇帝的春猎活动主要是凿冰取鱼和纵鹰鹘捕捉鹅雁。钩鱼后有"头鱼宴"，捕鹅雁则主要依靠海东青，捕鹅后也设庄严隆重的"头鹅宴"，大约与中原皇帝的亲耕大典有某些相似，而捕鹅雁则主要依靠的是海东青。

伴随榆柳翠绿绽出浓绿满眼，杏粉梨白花香阵阵，春的脚步越来越近，不知不

契丹春捺钵"圣宗母子捕鹅图"铜钱

觉间春姑娘突然来到捺钵人群之间。"秀绿日春"四字最恰当最准确最形象地概括了春捺钵整个过程，使人于平凡的字背感受到春捺钵红火热烈的闹春场面。这种"秀绿日春"春捺钵契丹文赏赐用金银钱，应就是《辽史》卷四十《地理志》所说"得头鱼、头鹅者，例赏银绢"的赏赐钱。

契丹的捺钵是四时捺钵，有春捺钵契丹文钱，必亦有夏捺钵、秋捺钵、冬捺钵契丹文钱。亦可能就是铸有"春"、"夏"、"秋"、"冬"一套契丹文四时捺钵金银赏赐钱。《辽史》卷三十二《营卫志》对夏捺钵、秋捺钵、冬捺钵的详细记载应就是这套契丹文四时捺钵金银赏赐钱铸造的史实基础和钱文的展开：

夏捺钵：无常所，多在吐儿山。道宗每岁先幸黑山，拜圣宗、兴宗陵，赏金莲，乃幸子河避暑。吐儿山在黑山东北三百里，近馒头山。黑山在庆州北十三里，上有池，池中有金莲。子河在吐儿山

契丹丝绣"帝平将猎"图

东北三百里。怀州西山有清凉殿，亦为行幸避暑之所。四月中旬起牙帐，卜吉地为纳凉所，五月末旬、六月上旬至。居五旬。与北、南臣僚议国事，暇日游猎。七月中旬乃去。

其钱文汉译似应为"纳凉炎夏"。

"秋捺钵"的情形前面已有叙述，其钱文汉译似应为"射鹿爽秋"。

冬捺钵：曰广平淀。在永州东南三十里，本名白马淀。东西二十余里，南北十余里。地甚坦夷，四望皆沙碛，木多榆柳。其地饶沙，冬月稍暖，牙帐多于此坐冬，与北、南大臣会议国事，时出校猎讲武，兼受南宋及诸国礼贡。皇帝牙帐以枪为硬寨，用毛绳连系。每枪下黑毡伞一，以庇卫士风雪。枪外小毡帐一层，每帐五人，各执兵杖为禁围。南有省方殿，殿北约二里曰寿宁殿，皆木柱竹榱，以毡为

盖，彩绘韬柱，锦为壁衣，加绯绣额。又以黄布绣龙为地障、窗、槅皆以毡为之，傅以黄油绢。基高尺余，两厢廊庑亦以毡盖，无门户。省方殿北有鹿皮帐，帐次北有八方公用殿。寿宁殿北有长春帐，卫以硬寨。宫用契丹兵四千人，每日轮番千人祗直。禁围外卓枪为寨，夜则拔枪移卓御寝帐。周围拒马，外设铺，传铃宿卫。

其钱文汉译似应为"武猎寒冬"。

以上笔者所拟钱文，实为笑谈，不足为训。相信将来面世之四时捺钵赏赐钱钱文一定文采飞扬，叹为观止。让我们拭目以待恭迎这套珍币完璧。

契丹封赏钱
——面门神像背阴刻契丹文"金紫崇禄大夫"封赏钱考释

据笔者考察，辽代的赏封钱在圣宗朝

已有了固定格式，即面为阳雕吉祥图案，多为龙凤、四神、神仙等，背在赏赐前临时阴刻赏封官职名或被赏赐官员职务名讳，有汉文、契丹文对钱，亦有面图相同背契丹文官职不同的钱。目前赏赐个人且有姓名的契丹钱币，仅见赏赐给辽兴军节度使耶律奴瓜一人的钱币，该钱有两种版别各有汉文、契丹文对钱，应为其生前和死后两次赏赐所制。封官钱已发现阴刻契丹文"银青崇禄大夫"（汉文、契丹文对钱）、"金紫崇禄大夫"（仅有契丹文钱）、"龙虎卫大将军"（仅有契丹文钱）三种官职。

从目前已知封赏的官职看，用这种方法赏封的官，都只是品级，如"金紫崇禄大夫"、"银青崇禄大夫"；或散官，如"龙虎卫大将军"，即均仅是荣誉性质的虚衔，并不是实职。因为实官的授予要经过皇帝与南北枢密院使、南北宰相、南北大王联合会议决定，非皇帝一人说了算。

"金紫崇禄大夫"、"银青崇禄大夫"是文官正二品上、下品级。辽代高级文官履历中大部分人都获得过此种殊荣，中、低官员亦有不少人获得此封赏。看来，有辽一代对这种品级虚衔赏封较滥。之所以背用阴刻文标示官名，即为了方便随时加刻。

"龙虎卫大将军"是武散官正三品一等衔，因为辽朝一二品武官均统管军民之事，官职亦都以朝官品级为荣，百官中未设一二品武散官，故"龙虎卫大将军"是

武散官最高等级。契丹二百多年中，获"龙虎卫大将军"加官的并不太多。可见，辽代统治者对掌握兵权的武将封赏是极为慎重的。

"金紫崇禄大夫"钱和"龙虎卫大将军"钱两钱面图案均是唐代门神——唐太

面门神背契丹文"金紫崇禄太夫"金钱

宗时的大将秦叔宝与尉迟敬德。

秦叔宝与尉迟敬德从将军到门神的经过，载《三教授神大全》：

门神即唐之秦叔宝、尉迟敬德二将军也。按传唐太宗不豫，寝门外鬼魅号呼，抛砖弄瓦，六院三宫夜无宁刻。太宗惧之，以告群臣。叔宝奏曰："臣平生杀人如摧枯，积尸如聚蚁，何惧鬼魅乎？愿同敬德戎装以伺。"太宗可其奏，夜果无惊。太宗嘉之，谓二人守夜无眠，因命画工图二人之戎装像，怒目发威，手持鞭铜，一如平时，悬于宫之左右门，邪祟以息。后世沿袭遂永为门神云。"

秦叔宝与尉迟敬德是历代门神中流传

最广、影响最大、威望最高、普及性最强、贫富皆爱的，至今长盛不衰。尤其在北方最受尊崇。

契丹赏封钱使用唐代门神秦叔宝与尉迟敬德的形象作为主要图案，说明契丹文化和唐文化血脉相连，契丹文化发展到辽代已经非常进步，唐文化已深入到契丹社会每个角落。还说明契丹族是个开放的民族，它对华夏文化的景仰、吸纳非一般民族可比，它在保留民族特色的同时，敢于吸纳先进文化为己所用的胸襟，应令汉族文人汗颜。

两种文化在一枚钱上和谐融合，反映了这样一个现实，契丹承袭唐文化精神并不比任何一个汉族政权差，而它的国力比五代小朝廷任何一个都强盛，说契丹是承继唐的正统王朝并非是歪曲历史。

"龙虎卫大将军"钱背未能获见。"金紫崇禄大夫"钱上图案的秦叔宝与尉迟敬德，均系雕刻而成，形象生动逼真，顶盔贯甲，各自手握鞭锏，威风凛凛，呼

之欲出。币材为金质，硕大厚重，显示了契丹富裕强盛的国力。包浆深沉匀实，红锈艳如红翡，硬如玛瑙。背阴刻的契丹文"金紫崇禄大夫"，楷书熟谙，刀若神笔，行云流水，气势贯通。钱径71毫米，厚3毫米，穿6毫米，重160克，含金量72%。

这种封赏钱非常罕见，又是贵金属黄金铸造，故其文物价值、历史价值、经济价值都非常高。

面门神背"龙虎卫上将军"金钱

辽兴宗时期

辽兴宗"斡鲁朵"钱之谜

天津藏友送来两枚契丹钱币，查阅了无数资料而无法解读其钱文，后来在朋友的帮助下才对其钱文有了初步的了解。

这两枚怪钱钱文中有年号，却都没有"元、通"字样，说明不是行用的年号钱。一枚钱用三个小字组成"重熙"年

号，一枚钱在前缀契丹文"窝笃盌"（汉字读音）下以两个小字组成"重熙"年号。这两枚钱在"重熙"年号后，都使用了"宝钱制"的"宝"（契丹文）字，这说明铸主知道这两枚钱标新立异的钱文会使人产生误解，特意加铸了"宝钱制"的"宝"（契丹文）字，明示此钱仍是"宝钱制"的一个品种，但不是一般的行用

契丹文"窝笃盌斡鲁朵宝钱"

钱，而是一种特殊的宫卫铸钱。

一枚钱穿上的"窝笃盌"契丹文字，是兴宗斡鲁朵的契丹名。把"窝笃盌"加在契丹文"重熙"，连起来的文意就是"昭孝皇帝斡鲁朵（宫帐）宝钱"。另一枚钱"重熙"前虽没加斡鲁朵契丹名，但用三个小字组成"重熙"年号的特殊的组词方法，仍表达了"昭孝皇帝斡鲁朵（宫帐）宝钱"之意。

"斡鲁朵"，意为宫帐。从辽太祖始，辽朝各代皇帝及执政的皇太后都有自己的斡鲁朵。此外，孝文皇太弟和大丞相耶律隆运也有自己的斡鲁朵，计有十二宫一府。斡鲁朵有直属的军队、民户、奴隶的州县，构成独立的经济军事单位。斡鲁朵为皇帝私有，死后由家族后代继承。各斡鲁朵都有自己的专名，设有专官，置"宫"管领。

《辽史·营卫志》上载：

辽国之法：天子践位置宫卫，分州县，析部族，设官府，籍户口，备兵马。崩则扈从后妃宫帐，以奉陵寝。有调发，则丁壮从戎事，老弱居守。

"窝笃盌"斡鲁朵，辽兴宗置，汉名"延庆宫"。"窝笃盌"的本义为"孳息"。以诸斡鲁朵及饶州户置。"窝笃盌"斡鲁朵设在高州西，陵寝在上京庆州，人口有正户七千，蕃汉转户一万，出骑军一万，辖饶、长春、泰三州，设石烈（乡）二，瓦里（管理奴隶官府）六，抹里（管理军人军属官府）六，提辖司（官卫典兵官府）四。

契丹经济和汉地不同，它以集团（宫卫、王府、郡王府、大王府、各官府）为经济单位，对外多实行集团采购和贸易，对内多采取分配制或供给制。十二宫一府因主人生前俭奢不同，各宫卫的经济状况并不相同，一样有贫有富，后代皇帝多给予调剂和平衡。《辽史·本纪》中就有多条记载当朝皇帝给某某宫卫贫民布帛粮粟的史实。

斡鲁朵虽是独立的经济军事单位。但是否有国家允许的铸币权，所有契丹文汉文的史籍都没有这方面的记载。但出土的开丹圣宝，助国、壮国元（通）宝、甘露元（通）宝钱，证明东丹国是有铸币权的。那比东丹国权位更高的经济独立的斡鲁朵有没有铸币权？今天两枚"窝笃盌"斡鲁朵钱实物回答了这个问题：在国家货币政策管辖下，各斡鲁朵可以铸造一些有别于国家行用钱的斡鲁朵钱，用于集团间和对外贸易。斡鲁朵钱应多为贵金属币，因为他们多用于集团采购等大宗贸易。

这两枚兴宗"辽斡鲁朵宝钱"钱文采取了只用一个"宝"字加年号或"宝"字加年号加斡鲁朵专名的铭钱方法，以和国家元（通）宝钱相区别。

一枚钱钱径60毫米，穿径7.5毫米，厚3.6毫米，重133克。钱文四字右旋读，读为"窝笃（契丹语音）重熙宝（汉语音译）"，意译为"昭孝皇帝延庆宫宝钱"。

另一枚钱钱径60毫米，穿8毫米，厚3.6毫米，重130.7克。钱文四字右旋读，读为"重熙宝钱"，意译为"昭孝皇帝延庆宫宝钱"。

钱文中的"重熙"年号具有双重指代功能，既指代皇帝又指代皇帝的斡鲁朵。两钱制作厚重，中规中矩。但略显粗糙，不过精细，地张和轮郭上留有明显刀和锤击痕迹，少了抛光程序。原因可能是作为行用之钱，没有受到赏赐钱制作一样的重视，所以减少了若干工艺程序，造成如此状态。总体看刀法纯熟，制作精整，包浆老道，金绣灿然，仍不失为两枚精美好钱。

斡鲁朵（宫帐）宝钱，为辽钱增添了一个钱币新品种，为研究辽史增加了一个新课题，为辽代货币经济史提供了一个新佐证，为辽代钱币史研究开拓了新领域，其历史价值、考古价值、艺术价值都不容小觑。

契丹文"重熙宝钱"

辽道宗时期

辽宋关系的见证
——契丹文"辽祖宋孙"金钱考

这枚契丹文"辽祖宋孙"金钱，是记录辽宋两国关系难得的实物见证。

此钱为一眼开门的辽代合背金钱，纯金铸造，含金量93％。折十大型钱，径54.53毫米，穿8.41毫米，厚4.27毫米，重115.5克。包浆温润，紫诱天成，形制合规，辽风盎然。面、背皆为四字楷书契丹钱文，大小不均，书风狂肆，古拙雄健。右旋读（上右下左），汉译为"辽宋祖孙"；顺读（上下右左），汉译为"辽祖宋孙"。右旋读、顺读意思一样，为明确起见，取顺读"辽祖宋孙"。

钱中所说之事发生在宋哲宗在位期间（1076－1100）。宋哲宗名赵煦，宋神宗第六子，宋神宗熙宁九年（1076）出生，元丰八年（1085）即位，元符三年

契丹文"辽祖宋孙"金钱面

（1100）去世，终年25岁。被赵煦称了十五年"叔祖"的辽代皇帝是辽道宗耶律洪基。耶律洪基是辽兴宗长子，辽兴宗重熙元年（1032）出生，重熙二十四年（1055）即位，寿昌七年（1101）去世，终年70岁。宋哲宗即位时，还不到十岁，而这时的辽道宗已经是五十三岁的高龄。按年龄来说，耶律洪基确实能当赵煦之祖，而且在多方面为赵煦做出了榜样。

辽道宗耶律洪基是一位内心复杂具有多重性格的政治人物，他推崇儒学，崇佛佞佛，勤政爱民：

即位初，求直言，访治道，劝农兴学，救灾恤患，粲然可观。

极力想做个明君圣帝，然而由于他心胸狭窄，听不得反面言论：

设谤讪之令，告讦之赏。加之用人不明，群邪并兴，谗巧竞进。贼及骨肉，皇基寝危。众正沦胥，诸部反侧。甲兵之用无宁岁矣。一岁而饭僧三十六万，一日而祝发三千。徒勤小惠，蔑计大本。尚足与论治哉？（《辽史·道宗纪》）

《辽史·道宗纪》对耶律洪基的一生总体评价虽有失偏颇，但的确指出了他的主要问题。

平心而论，耶律洪基并非是一个可恶的暴君。相反，他争取做一个圣明的君主，推行儒术治国策略也是朝这个方向努力，只是由于他个人的某些缺陷，把一切

契丹文"辽祖宋孙"金钱背

都改变了。但是，我们不能不指出，他在两件大事上始终坚持了正确的方针，才使辽朝在他死后又延续了二十多年，并促成北辽、西辽、西北辽、东辽、后辽等契丹政权又延续二百多年。

其一，坚持致力于儒学的推广，并贯穿于他当政的始终。据《辽史》载，道宗自清宁年设学养士，颁《五经》，置博士。中京置国子监，时祭至圣先师；颁行《史记》《汉书》。讲《五经》大义，《尚书》《洪范》。命燕王耶律延禧翻译《尚书·夏书·五子之歌》，精选举人以闻，诏谕学者穷经明道。以儒学为治道。扩大开科取士的规模，并新增了"贤良"科。他简律文，宽刑狱，"遣使分道平赋税，缮戎器，劝农桑，禁盗贼"。还身体力行，努力提高自己的汉文化素养，擅书法，好诗词，传世之作有《题李俨黄菊赋》：

昨日得卿黄菊赋，剪碎金英填作句。

袖中犹觉有余香，冷落西风吹不去。

意象绝美。他还逢灾必赈，尽力减轻百姓困苦。由于他的努力，辽代粮食供应始终充裕，马匹发展到数千万匹，经济富裕程度举世无双。大辽灭亡后契丹族之所以能前赴后继地反抗金国，道宗以德治国为族人建起精神支柱并打下坚实的物质基础实在功不可没。

其二，在对宋关系上，坚持维护得来不易的和平，既秉持原则又灵活处理两国关系，使辽、宋之间和平维持到最后一刻，两国无数生灵免招涂炭。自1004年宋、辽的"澶渊之盟"以后，南、北间基本没有发生大的战争冲突。辽兴宗重熙十年（1041），辽朝南进思想有所抬头，出现了"关南十县地"问题。这个问题的最终解决，以北宋每年增加银十万两、绢十万匹奉辽的结果而告结束。不仅如此，输银、帛的方式还以"献"或"纳"的形式完成（《契丹国志》卷之八《兴宗文成皇帝》，上海古籍出版社），对于这种形式，北宋颇有异词，但在辽朝强大的军事后盾面前最终退缩。辽道宗时，宋、辽双方虽然和平相处，但并非没有战争的隐患，宋、辽边境国土争执始终存在，处理稍有不慎，即可引发战争。辽朝偏于武功的大臣大有人在，这时国家决策的方向至关重要。

综合许多材料看，道宗对北宋的边境政策基本上采取了宽容的态度，务求不使矛盾升级。在具体事件的处理上极其冷静，如处理咸雍间边事。咸雍间，北宋在边境不断生事，常有"南朝兵骑越境施弓矢，射伤辖下人事"（陈述辑校《全辽文》卷八《西南面招讨府移府州牒》197页，中华书局），辽道宗因此问耶律颇得，颇得云：

自应州南境至天池，皆我耕牧之地，清宁间，边境不谨，为宋所侵，烽堠内移，似非所宜。（陈述辑校《全辽文》卷八《道宗问边事对》197页，中华书局）

辽道宗对此类问题的解决，豁然大度，令人称道。如咸雍十年（1065）《致宋帝商地书》曰：

大辽皇帝谨致书于大宋皇帝阙下：

窃以累朝而下，讲好以来，互守成规，务敦凤契，虽境分二国，克深于难知，而义若一家，共思于悠永……

谈到"蔚、应、朔三州土田，一带疆土"问题，则策略巧妙，词令得当：

皆是守边之冗员，不顾睦邻之大体，妄图功赏，深越封隆……

文书结尾义重情恳：

如此则岂惟疆场之内不见侵踰，兼于信誓之间，且无违爽，兹实稳便，颙俟准依。（陈述辑校《全辽文》卷二《致宋帝商地界书》39页，中华书局。）

道宗后期，因为辽朝的一再退让，北宋得陇望蜀，不但挑衅辽朝，进而攻击辽的藩属西夏。如：寿昌四年"夏国差人告奏，称南宋兴兵侵讨……"（陈述辑校《全辽文》卷九《为西夏事移蝶雄州》256页，中华书局）对此类战争烟火，道宗极为审慎处理，务使和解。寿昌五年，道宗亲发牒文，连续写了劄子和国书，详述细剖，礼具情备。其中"辽之于宋也，情重祖孙，夏之于辽也，义隆甥舅，必欲两全

宋哲宗

于保合，岂宜一失于绥存……"（陈述辑校《全辽文》卷九《为西夏事移蝶雄州》46—47页，中华书局）之句，感人之至。

道宗的这种思维和解决方式并非是惧怕北宋，而是源于他思想上对战争与和平的认识，是他制定的对外策略决定的。这种思想常有表露，如《遣萧德崇等使宋为夏议和国书》中说得十分坦诚：

肇自祖宗开统，神圣贻谋，三朝通五世之欢，二国敦一家之睦，阜安万宇，垂及百年……与其小不忍以穷兵，民罹困弊，曷若大为防而计国，世固和成……（陈述辑校《全辽文》卷二《遣萧德崇等使宋为夏议和国书》47页，中华书局）

基于对圣贤君主的理想，道宗不愿与北宋对垒，亦不愿破坏来之不易的和平局面，但这种忍让有时在他内心里也是有过犹豫的，也不是心甘情愿的。

咸雍间，道宗召姚景行问"治道"；帝有意伐宋，召景行问曰："宋人好生边事，如何？"对曰："自圣宗皇帝以威德怀远，宋修职贡，迄今几六十年，若以俰故用兵，恐违先帝成约。上然其言而止。"（《契丹国志》卷之九《道宗天福皇帝》，上海古籍出版社）

为使和平局面延续下去，惠及子孙，道宗在他晚年对延禧（天祚帝）的承接亦作了安排：

帝大渐，戒孙延禧曰："南朝通好岁久，汝性刚，切勿生事。"又戒大臣曰："嗣君若妄动，卿等当力谏止之。"（《辽史》卷九十六《列传第二十六·姚景行》1403页，中华书局）

道宗对北宋的"息战"策略，使两国的和平局面得以维系，惠及万民，因此，他的所作所为在北方人民的头脑中打下了深深的烙印，符合北方人民共同的心愿，在一定程度上赢得了北方人民的信赖，而这种信赖随着时间的推移，家喻户晓，逐渐根深蒂固，成为一种理念，进而成为意识形态转变的重要因素。如，大康七年《义丰县卧如院碑记》就出现了很夸张的赞颂之语：

伏维今皇帝璇衡御极，至斗乘时……销剑归农，率土有仓箱之咏，櫜弓弃武，边防无烽燧之虞，百代之间，一人而已……（陈述辑校《全辽文》卷九《义丰县卧如院碑记》224页，中华书局）

大安八年懽州西会龙山汉契百姓"男女各五百人"捐建的舍利塔中的句子应该有一定的代表性：

伏愿天祐皇帝，燕国大王，二仪同坚于社稷，亲王公主，皇侄皇孙，百世永茂于宗枝。然后上至文武百寮，恒居禄位，下及庶类州司，长添福德……施主邑人，早登涅盘之乐，更愿国泰丰稔，民安乐业……（陈述辑校《全辽文》卷九《懽

辽道宗时铸造的"大安元宝"短安光背小平铜钱树

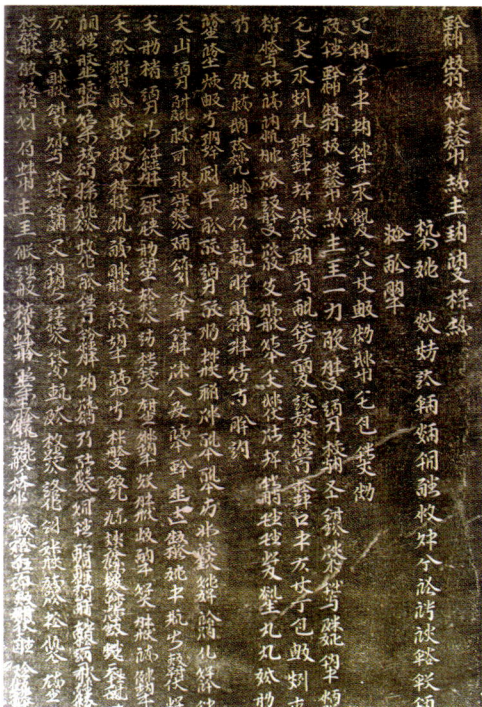

辽道宗皇帝哀册（局部）

州西会龙山碑铭》241页，中华书局）

　　而北宋君臣在对辽的问题上，与道宗不可同日而语。欧阳修编《新五代史》附契丹于"四夷"就能说明问题。与道宗同时的宋神宗赵顼，在内廷建库房，作诗命以库名，曰：

　　　　五季失图，严狁孔炽。
　　　　艺祖造邦，思有惩艾。
　　　　爰高内府，基以募士。
　　　　曾孙保之，敢忘厥志。

　　宋神宗统一国家的志向勇气可嘉，但文中多有蔑视辽朝的口吻，以夷邦"严狁"相称谓。此比之辽道宗的思想境界，可谓相差万里。

　　此枚契丹文"辽祖宋孙"钱文之语，

应当就是取之寿昌五年（1099），出自辽道宗亲写国书中的"辽之于宋也，情重祖孙"，是展示道宗作为一个政治家的广阔胸怀与高超斗争谋略的实物证据，是揭示辽宋两国一百二十余年和平幕后奥秘的金钥匙。

绝无仅有的契丹纪地钱
——契丹文"清宁通宝"背"上京"金银钱考

　　宝钱制方孔圆钱自唐会昌年间始铸"开元（通）宝"和"乾元重宝"后，汉文钱中背纪地钱在以后历代钱中屡见不鲜。但查遍中国钱币史，少数民族文字方孔圆钱中却不见纪地钱的踪影。是历代少数民族没铸造过纪地的方孔钱，还是历代钱币学家、历史学家没见过、没听说过，或因不懂少数民族文字钱币而造成的遗漏？

　　笔者认为是后者。现有的契丹文"清宁通宝"背"上京"金、银钱，就是中国所有历代钱币谱录、钱币史论、货币史

契丹小字"清宁通宝"背"上京"金钱面

料、经济史籍上都没有记载的少数民族文字的方孔纪地圆钱。契丹文"清宁通宝"背"上京"金、银钱的现身于世，是因为种种客观和主观造成的历史误会，导致实际的少数民族背纪地钱湮没在历史沙尘中近千年。

契丹国是中国历代少数民族建立的政权中文明程度最高、经济最发达、内部管理最成功、民族关系处理最和谐、人民生活相对最安定、对周围民族影响最大的政权之一。其在钱币上的种种发明创造，说明契丹人既尊崇传统又绝不泥古，敢于标新立异，勇于改革创新，契丹文"清宁通宝"背"上京"钱的铸造就是最有力的实证。该钱的设计上承唐"会昌开元"纪地钱的传统，又大胆地开创了背穿上铭铸两字的先河。它铭纪的不是一州之名，而是一国的首都，这在中国钱币史上也是绝无仅有的。

"清宁"是辽道宗承继帝位后建立的第一个年号。此时的契丹国的经济已发展到繁荣的顶峰，农业连年丰收，斗粟六钱，五十余州存粮二三十万硕，虽累兵兴，未尝用乏。群牧之马有数万群，每群不下千匹。按当时市价每匹马价白银四十两计算，当时契丹马的总值就高达四亿两以上的白银。泉货流行，国用以殷，给成赏征，赐与亿万。是时，辽圣宗时期造的钱至辽道宗清宁年间才使用，虽未有贯杇不可较之积，亦可谓富矣。

国家经济的高度繁荣，人民生活的富足安康，和平安定的国内外环境，使年轻的辽道宗意气风发，雄心勃勃，要做青史标名的有道明君。即位伊始，道宗就求直言，访治道，劝农兴学，救灾恤患，粲然可观。如果辽道宗能把即位初的治国行动和政策坚持下去，那么辽代的历史就将改写，一个新的强大的帝国必将出现在世界东方。

令人遗憾的是，辽道宗志向虽远大，心胸却偏狭。好政策不但没坚持，馊主意却一个接一个连续抛出，"重元之乱"使

契丹小字"清宁通宝"背"上京"金钱背

契丹小字"清宁通宝"背"上京"银钱面

道宗彻底丧失了理智，给奸佞之臣把握朝纲架好了扶梯，以至为发生杀妻灭子的千古奇案提供了温床。这虽是后话，但祸根实是萌发于辽道宗偏狭多疑的性格。这是辽道宗个人的悲剧，更是契丹民族和国家的悲剧。

契丹文"清宁通宝"背"上京"金、银钱，是伴随着道宗登基大典的乐曲声中诞生的，应是作为登基庆典纪念赏赐钱而特铸。

钱文四字为右旋读，穿上之字汉意为"天"，是加在年号前一附加定词，表示年号是上天赋予之号，是天族应有之号。穿右为两字合书，本意为"眷佑"，和穿上字加起为"天眷佑"，汉译作"清宁"。穿下契丹字为汉意"通"，穿左契丹字为汉意"宝"字。背穿上两字汉译为左"上"，右"京"。写读均为先左后右，与汉人书写"从上至下，从右至左"不同。

金钱直径41.2毫米，穿径5.9毫米，厚

3.2毫米，重40.9克；银钱直径40.55毫米，穿径5.79毫米，厚2.9毫米，重29.1克。

把皇都"上京"铸在钱上是点明登基庆典的地点，这个设计是独具匠心，很有创意的。整个钱从形制到材质，从文字到设计，都洋溢着欢快，明亮的喜气，金黄色的币材配衬着端庄华美，雄浑遒劲的行楷体钱文，和谐而富丽堂皇，祥和而瑞霭万千。特别钱背"上京"二字，疏朗而严谨，端劲而清润，品格之高不让唐宋书法大家。

契丹文"清宁通宝"背"上京"金银钱，是了解辽道宗时代社会生活的真实物证，是补写辽史食货志的鲜活史料，是对中国钱币史少数民族文字钱的最新补充，其宝贵的历史价值、文物价值、艺术价值都是不可忽视的。

"子孙永宝"背后的故事
——"咸雍通宝"背阴刻契丹文"子孙永宝"银钱考

"咸雍通宝"是大辽国第八代皇帝辽道宗铸造的第二种年号钱。20世纪初，传世仅见"咸雍通宝"小平铜钱，有数个版式，当时颇为难得。30年代后，由于"咸雍通宝"面世量与其他辽代名珍相比颇为可观，于是被列入"下八品"。

其实，这种将年号钱分列为"上品"、"下品"的做法很不科学。每种年号钱都不会是一种版别，而所谓"下品"中的稀缺版别往往比"上品"钱还珍惜。如这种归为"下八品"的"咸雍通宝"，是20世纪90年代出土于辽宁铁岭的一枚隶

契丹小字"清宁通宝"背"上京"银钱背

"咸雍通宝"光背小平铜钱

"咸雍通宝"背阴刻契丹文"子孙永宝"银钱面

书契丹大字版残钱，至今不见第二枚，为孤品，大珍。事实证明，每种辽钱中都有珍稀版别钱，许多都是孤品。

研究辽钱不能管中窥豹，要放眼全局，着眼具体，在尽可能多的资料上提炼出自己的观点，并对每种钱进行全面深入的剖析。这样，对辽钱的研究才不会走弯路。

这枚"咸雍通宝"背阴刻契丹小字"子孙永宝"银钱，是"咸雍通宝"钱中的新发现的品种，是一种特殊的钱币，非常珍贵。有三大特点：

首先，其形体硕大，凌驾于所有行用钱之上。径达92.85毫米，厚达4.35毫米，说明不是行用钱——行用钱即使当万钱也没这么大。

其次，材质贵重。它是用含量96%的白银铸造，重达200.2克，换算成辽代银两约五两有余。五两白银在辽代是个不小的数目，约等于铜钱五千枚（五贯），绢帛五匹。当时辽斗粟六钱，五千钱可

买粟834斗，合83.4石。当时每石约合一百二十斤，换算成斤约一万斤。当时一斤约等于现在661克，1万斤约等于现在的6610千克。如按四口之家每天消费六斤粟计算，1万斤可消费1666天，约四年半。可见此钱价值高昂，非民间可用。

再则，此钱不仅精雕细刻，形制俊美，文字端丽，而且背加镌契丹小字阴文"子孙永宝"，非常罕见。让子孙保什么？是永远保存这枚钱？非也，那未免太小瞧契丹皇帝了。这句话其实点明了该钱的用途——镇守钱库的镇库钱。目的是要子孙永远保护好财富，财富是大辽安身立命的社会经济基础。财富充沛，民富国强，大辽就可长治久安。

咸雍期间是辽朝经济发展的顶峰，钱不胜多，辽圣宗时所铸钱币咸雍年间才开始使用：

是时，虽未有贯朽不可较之积，亦可谓富矣。（《辽史·食货志》）

据综合所有辽经济资料分析，契丹当时国民经济总量约一亿贯，按最高测定人口700万人计，人均年约14两白银，约等于2891元人民币。加上物价比，约等于人民币6000—8000元、美元800—1000元。因此，说当时的契丹人已达"小康"应不算为过。

从辽墓出土的巨量金银器和金银钱币，说明契丹是当时亚洲最富有的国家之一。这样的大好形势，哪个契丹人不希望永远保持下去，已创造的财富怎能不希望子孙永远宝贵之、宝藏之？

这应该是这枚背阴刻文"子孙永宝"镇库大银钱诞生的时代背景。

可惜的是，此钱的铸主，即寄希望"子孙永宝"的辽道宗杀妻灭子，制造了惨绝人寰的人间悲剧。政治上的昏聩，导致了经济的衰退，加之连续多年灾害，契丹帝国土崩瓦解，二百年间积蓄的财富转瞬间成了女真人的战利品。

"咸雍通宝"背阴刻契丹文"子孙永宝"银钱背

"大康通宝"背契丹小字"军"大钱用途考

笔者收藏的一枚辽代"大康通宝"背铭契丹小字"军"大型铜钱，锈色斑斓，一眼开门，辽风宛然。钱径67.69毫米，重78.2克。此钱珍奇之处在于，一枚钱上同时阳镌汉文和契丹文字，这在辽代年号钱中是绝无仅有的。它上承唐开元（通）宝背镌突骑施文与粟特文的传统，下开宋、金、元、清等时期两种以上民族文字同铸一年号钱的先河，在东方钱币史上留下了光辉的足迹。

该钱钱文"大康通宝"四字与辽庆陵永福陵（道宗陵）出土的折五型"大康通宝"银钱钱文同出一手。不同的是大铜钱钱文接廓连轮，银钱钱文离廓，"大"字更端正，不像银钱最后一笔捺折挑起；"康"字第一笔，铜钱比银钱更鲜明地把银钱的横点写成短横，并和穿出厂头的隶字中竖相接，隶字下水右两笔撇捺又粗又长，左边第一笔应左高右低的斜横，被写成左低右高从下向上的横，而第二笔斜撇竟被写作大顿点，并远离中竖远远地点在了隶字的竖钩旁，让人匪夷所思；"通"字，铜钱甬头写作一大横，走之写作四笔，走之头写成一巨型半月，直伸到宝字贝足下；"宝"字，铜钱与银钱相似，均为穴工尔宝，方贝左挑足。

该钱钱形整体工整稳重，古朴拙趣，书法与刀工均属上乘。宽缘中郭，粗犷大气，辽韵盎然。背穿上镌一契丹小字，似为"几"与"亦"两个原字组成。这个契

"大康通宝"背契丹文"军"金钱

丹小字意思为何？对照早年收藏的一枚金代银鎏金符牌找到了答案。这枚金代符牌上镌有契丹小字与汉字对译的铭文："天眷元年，太子少师龙虎卫上郡大将军。"其中契丹字上郡大将军的"军"字与"大康通宝"背镌的字一模一样，从而确知钱背的契丹字为契丹小字"军"字，进而得

"大康通宝"折三赏赐银钱

知这个"军"是军队的"军"，是表示军事用途的"军"。"大康通宝"背上的这个契丹小字"军"亦应该是表示该钱使用范围的"军"字，进而推测这枚钱币应是大康年间为军队使用币特别铸造的军用钱币识别款。

查目前已知资料，可以知道这枚大康通宝背"军"钱是辽代年号钱中唯一的一枚标注使用范围钱，也是中国最早的用少数民族文字标注使用范围的钱币。

这枚背纪"军"的大康通宝大铜钱是干什么用的呢？这样又大又重的钱，肯定不会用于流通，不会是行用钱。从形制看，它不具备"厌胜钱"的特征，肯定也不会是厌胜钱。在缺铜和铜禁严厉的大康年间，善理财的辽道宗肯定不会允许用稀缺的铜铸又大又重的赏赐钱，赏赐宫钱的推定亦应排除。剩下的唯一可能，应是一

枚特铸的钱库用镇库钱。这恐怕是相同钱文行用钱但背不见"军"字的重要原因。为什么不见大康行用钱背"军"字钱?一种可能是尚未发现,再则可能根本未铸。还有一种推测,是铸过"军"字镇库钱后,政治经济形势发生了突变,已不宜或顾不上铸背"军"字钱了。

查《辽史·帝纪》和《辽史·食货志》可以知道这样一个史实,从辽圣宗开

"大康通宝"背契丹文"军"铜钱面

"大康通宝"背契丹文"军"铜钱背

泰年间至辽道宗清宁年间,"钱不胜多,故东京所铸至清宁中始用"。从史推知,道宗朝清宁至大康年间朝廷钱库仍应有圣宗、兴宗甚至前此各代辽帝的存钱。为区分历代钱,各朝钱库都应有自己的镇库钱。在清理整顿历代钱时,为记住清理时间,特铸一种铸有记录清理类别的标注使用范围的"军"字镇库钱,应是在情理之中的事。把这样一枚标注使用范围的"军"字镇库钱悬挂在钱库或钱柜门旁,该库是否清理过则一目了然。"大康通宝"背"军"字镇库钱可能就是在这种情势下特铸的。

大康元年(1075),皇后被诬自杀,天灾频临。大康二年(1076)灾情更甚,三月皇太后崩。大康三年(1077),皇太子被废后被暗杀,灾害遍布天下,直到大安年中始得平息。内乱、天灾使原本殷实的钱库迅速变空,钱炉日夜鼓铸,仍不足于用。空空钱库不需再清理了,所以也不再铸镇库钱了。

以上是笔者根据实物推测臆断之语,尚须得到史料和考古发现的进一步印证。

契丹文纪年钱的作用是什么?
——契丹文"寿昌四年"纪年金钱考

对辽代纪年钱的性质,历来说法各异,其中尤以"殉葬钱(瘗钱)说"、"冥钱说"最为著名,并占据主导地位数十年。"殉葬钱说"的提出,是因为"大康六年"纪年钱最早是从墓葬中发现的。

"清宁二年"光背铜钱（拍卖品）

期间，一些对辽钱颇有研究的学者、收藏家对"殉葬钱说"提出了许多质疑，有人指出"殉葬钱说"的提法不科学，不能准确说明辽代纪年钱的性质。因为"殉葬钱"并不等同"冥钱"。"冥钱"是为死者特制，"殉葬钱"是为死者瘗埋生前使用过的钱币，两者性质不同。辽代纪年钱是特铸，但不是为死者殉葬特铸；是"殉葬钱"，但瘗埋的并非死者生前常用钱币。还有的学者指出：以一枚在墓中地面发现的钱币孤证就确定一种钱币的性质，是不科学、不严谨的。还有专家质疑，辽代纪年钱都集中铸造于道宗年间，难道辽道宗事先就知道他在位时要死大量人吗？

时光荏苒，二十年过去，其间出土发现的大量各种材质、各种形制的契丹纪年钱，一次次地向"殉葬钱说"、"冥钱说"发起了挑战，许多研究者也一次次地为辽代纪年钱正本清源，试图拨乱反正还

其本来面貌。

随着笔者收藏的契丹纪年钱品种和数量的增多，以及对纪年钱在感性和理性认识的积累，一个自认为正确，可以合理解答所有质疑的假说脱颖而出——"庙宇供养钱说"，并坚信这是对辽代纪年钱性质正确的断定。

辽太祖是契丹纪年钱的创造者，但他铸的契丹文"神册元年"纪年钱不是佛教供养钱，而是萨满教祭祀钱。佛教庙宇供养纪年钱，肇于崇佛、佞佛达到顶峰的辽兴宗重熙年间。

自辽景宗、辽圣宗大力提倡佛教，佛教逐渐在辽朝成为了统治性宗教。兴宗母亲法天皇太后更是把佛教推上极致：

兴宗一朝竟拜僧为三公、三师兼政事令者凡二十人。（毕沅《续资治通鉴》卷四二）

契丹佛教寺院也因统治者的支持，塔庙相望，磬鱼相闻。据前人统计，仅五京

楷书"寿昌贰年"光背铜钱

佛寺竟不下百座。神佛要供养，僧众要吃饭，寺院要花费，钱从哪里来？上至皇亲国戚、王公大臣，下至黎民百姓，芸芸信徒，都是施主。

崇佛、佞佛风气之下，许多皇族常施舍土地、财物资助建造寺院。如辽道宗时：

秦越长（公）主首参（妙行）大师，便云弟子以所居第宅为施，请师建寺，大率宅司诸物罄竭，永为常住，及稻畦百顷，户口百家，枣栗蔬园，井□器用等物，皆有施状，奏讫，准施，又□□□择名马万匹入进，所得回赐，示归寺门。清宁五年（1059年），未及进马，造寺，公主薨变。懿德皇后为母酬愿，施钱十三万贯，特为奏闻，专管建寺，道宗皇帝至□五万贯，敕宣政殿学士王行己主修其寺。（《妙行大师碑铭》，《全辽文》卷十302页）

皇帝和皇族供养佛寺除宅地实物外，大量施舍的是钱。可在辽代，国家铸造的钱币并不只是经济生活的媒介，更重要的是

行书"寿昌贰年"光背铜钱

皇帝的"王信"，是宣传教化部众百姓的工具，不宜将其直接用于供养佛菩萨。因此，产生了镌有纪录供养时间的专门用于供养佛菩萨的纪年钱。

据考证，佛教供养纪年钱首创于辽兴宗重熙元年（1032），由佞佛至甚的兴宗生母法天皇太后首铸。目前已发现兴宗朝一个年号、道宗朝四个年号的供养纪年钱。在重熙年至寿昌年这66年的时间里，已知大康年号的10年间每年都铸了纪年钱。其次，为"大安五年"、"寿昌二年"、"咸雍一年"、"清宁一年"、"重熙一年"。而铸契丹文纪年钱的，目前仅发观一种"寿昌四年"纪念钱。这枚契丹文"寿昌四年"纪年金钱，钱面中缘细郭，背宽缘宽郭，极具辽钱风貌。钱径42.33毫米，穿7.63毫米，厚3.25毫米，重40克。钱文四个契丹小字，按右旋读（上右下左），汉译为："寿昌四年。"

为什么契丹文纪年钱仅此一枚，是没发现还是根本没铸？在没发现第二枚契丹文纪年钱以前，笔者认为暂时不要下结论。

这枚契丹文"寿昌四年"纪年金钱的性质，是不是也是和汉文纪年钱一样是庙宇供养钱？虽然未发现其他佐证，但笔者坚信契丹文纪年钱绝不会是庙宇供养钱。

理由之一：契丹字被称为"国字"，是契丹人心目中的"大礼之字"（《耶律祺墓志铭》）。契丹皇帝大臣怎会拿本族

契丹文"寿昌四年"金钱

神圣的"大礼之物"去供养一个"非契丹国教"？辽道宗再佞佛，谅也不敢忘记太祖之话。

理由之二：寿昌四年（1098）十二月壬辰，辽道宗为燕王耶律延禧行再生礼，说明契丹礼议并未改变，萨满教的祭祀肯定还在举行，契丹大礼之字的纪年钱只能用于萨满教这个再生礼仪上。

基于这两点，笔者认为这枚契丹文

契丹文"寿昌四年"铜钱

"寿昌四年"纪年金钱绝不可能是佛教庙宇供养钱，而只能是承契丹文"神册元年"纪年金银铜钱余韵，而为延禧再生仪而特铸的，契丹萨满教祭祀供养钱。

这枚契丹文"寿昌四年"纪年金钱的发现，对研究契丹宗教，礼仪，钱币铸造都具有极其重要的借鉴作用，对纠补辽史缺失讹误也具有不可替代的作用。所以这枚契丹文"寿昌四年"纪年金钱，珍稀而宝贵。

永恒的"千秋万岁"钱
——契丹文"寿昌万年"背"千秋万岁"钱赏析

辽道宗太康、大安、寿昌年间是契丹铸钱的鼎盛时期。据目前不完全统计，仅道宗年铸造的契丹文钱或加刻契丹文阴文的钱币就多达二十余种。其中有国号钱，也有年号钱、纪年钱，还有捻钵钱、庆典钱、祈语钱，琳琅满目，美不胜收。这枚契丹文"寿昌万年"背"千秋万岁"钱，又在道宗朝契丹文钱里增加了一个新品种。

"千秋万岁"钱是契丹开国"万岁三钱"之一。起初是汉字与"胡书"两铸，是天皇帝耶律阿保机确定的契丹国万世不变的流通行用钱，为辽早期社会、政治、宗教、经济的发展都做出了重大贡献。钱文取名"千秋万岁"，就是要求子孙千秋万代使用它，以确保契丹帝国万世永存。作为国家的法定流通货币，"千秋万岁"钱有小平、折二、折三、折五、当十、当百、当千、当万八等级钱，还有数以千计

"千秋万岁"折十光背铜钱

的民俗钱币和护身符挂钱，可谓辽代钱币中最庞大的家族。

然而，令契丹统治者没有想到的是，作为国家法定流通货币的"千秋万岁"钱，竟因为其吉祥寓意，被所有得到它的信奉"萨满教"的人立即收藏起来，当作天皇帝的"圣物"和有灵性的护身神物而不再付诸流通。尽管一再加大"千秋万岁"钱的铸造量和市场投放量，可仍像泼在沙滩上的水，转瞬就没了踪影。在这种情况下，出现了令中国钱币研究者百思不得其解的怪现象：窖藏所见大多都是交换获得、掠夺获得及仿铸其他国家的钱币，尤其是和契丹长期相处的唐、宋流通钱币，而少见契丹自己的行用钱"千秋万岁"。

这种把自己铸的钱当"圣物"不进行流通使用，把别国的钱币当作行用钱的现象，是信奉萨满教的民族和国家的共有现象，是萨满教义"万物皆灵"思想在天神

皇帝"王信"钱币上的表现，契丹、女真、蒙古等信奉萨满教的民族所建国家中都存在类似情况。

"千秋万岁"汉文钱、"胡书"钱的遭遇，使得契丹皇帝不敢再铸契丹文"千秋万岁"行用钱，因为它不会起到流通钱的行用作用，反而会加重仿铸唐、宋钱筹铜的困难。所以，取消了铸造契丹文"千秋万岁"行用钱的计划。这就是契丹所有国号钱、年号钱、纪年钱少见契丹文钱，而只有它的法定行用钱"千秋万岁"钱的症结所在。

虽然"千秋万岁"行用钱中不见契丹文钱，但不等于天皇帝们不想以契丹文"千秋万岁"钱呼应汉文"千秋万岁"钱。因为人们只有看到"千秋万岁"钱汉文、契丹文两铸，才会真正相信契丹是"一国两制"。契丹铸钱机构采取了在民俗钱背阴刻契丹文"千秋万岁"，在契丹文国号钱、年号钱、纪年钱背铸契丹文"千秋万岁"等办法，对"千秋万岁"钱

契丹文"寿昌万年"背"千秋万岁"合金钱面

汉文、契丹文两铸给予补救，基本上挽回了国家的颜面。

这枚契丹文"寿昌万年"背"千秋万岁"钱，应就是对"千秋万岁"钱汉文、契丹文两铸给予补救而铸造的钱币之一。此钱为折十大型，径46.71毫米，穿9.02毫米，厚4.31毫米，重53.9克。此钱材质为铜金合金，铜约占52%，金约占41%，其他元素银、锌、锰、铁约占7%。包浆褐黄，生片片紫锈和黄绿色锈。形制精整，穿缘有自然磨损痕迹，钱整体具有久经沧桑之态。

钱面钱文为四个契丹小字，按右旋读序读（上右下左），汉译为："寿昌万年。"此处之"万"字与一般写法有别，应属于异体字。书体隶、楷相间，为契丹书法典型风格。钱背亦有四个契丹小字，按右旋读序读（上右下左），汉译为："千秋万年。"此处之"万"字为一般常见写法，和钱面之"万"字迥然有别。背

契丹文"寿昌万年"背"千秋万岁"合金钱背

文的特点是字文大小错落，平衡和谐。钱面背的文意表面看似乎有些重复，实际上钱面是祈祝当朝皇帝辽道宗寿禄万年，钱背是祈祝国祚千秋，是分别祈祝个人与国家的两重祈语。

契丹文"寿昌万年"背"千秋万岁"钱的发现是契丹文化的一件幸事，是对契丹钱币史的一个补充。该钱是证明辽道宗寿昌时期（1095－1101）"千秋万岁"钱仍在铸造的一个信息载体。南宋洪遵《泉志》记载：

右，千秋钱，李孝美曰：此钱径三分，文曰千秋万岁，今甚易得，盖常岁虏使入贡，人多博易得耳。董逌曰：辽国钱，盖近世所为。

同时证明，"千秋万岁"钱确系辽代二百多年不变的国家法定流通钱。

萧观音传奇
——契丹小字"寿昌通宝"背"皇"金银钱考

契丹小字有男用、女用之分。如这枚契丹小字年号钱"寿昌通宝"背面的"皇"字，就为女性专用的字，即"皇后"的"皇"。要写成此"寿昌通宝"钱背的"皇"字，而不能写成契丹小字"皇帝"的"皇"字。契丹小字的男女之别，说明此时契丹社会"男女有别"、"男尊女卑"的封建思想已深入人心，已成为社会道德的标准。

"寿昌通宝"是辽道宗生前铸造的最后一个年号钱。因汉文"寿昌"年号曾被写成汉字"寿隆"，所以道宗皇帝也曾铸

"寿隆通宝"光背小平金钱树

造了一批"寿隆元（通）宝"钱。在汉文中，"寿昌"、"寿隆"两词似乎有区别，而"寿隆"因犯圣宗名讳，所以将其改为同义字"寿昌"。困惑史学界多年的一个问题："寿隆"年号改为"寿昌"，为什么没有宣布改元？辽代史籍根本不予记录。如今通过契丹小字"寿昌通宝"钱的考证，知道在契丹小字中"寿昌"、"寿隆"两词均被写成契丹语"大"、"寿"，也就是说在契丹小字中，"寿昌"、"寿隆"两词实是一词两译而已。"寿昌"、"寿隆"既然不是两词，仅是一词的两个义，所以就没有宣示改元的必要了。

契丹小字"寿昌通宝"背"皇"字年号钱，面世仅见金、银两种折十钱，非常珍稀。金钱径41.05毫米，穿4.75毫米，厚2.13毫米，重21.8克；银钱径41.13毫米，穿5.57毫米，厚2.81毫米，重26.5克。金、银钱应为同模铸造。钱文均为楷书体旋读契丹小字，字

体端庄华美，气势磅礴。背穿上单铸一个表示女性的契丹小字"皇"字。

契丹小字"寿昌通宝"年号钱背面的"皇"字，既然是女性的表示限制语皇后的"皇"字，那辽道宗在自己登基四十年后，铸造的第五种契丹文年号钱钱背上铭铸代表皇后的"皇"字是为什么？

要解开这个谜团，就要从辽道宗一生中的两个皇后说起。

辽道宗耶律洪基的结发皇后叫萧观音，是钦哀皇后弟弟、枢密使萧惠之女，姿容冠绝，工诗善言，能自制歌词，尤善琵琶。重熙年间，耶律洪基任燕王时，纳为妃。清宁初，立为懿德皇后。皇太叔重元妻，以艳冶自矜，后见之，戒曰："为贵家妇，何必如此！"后生太子濬，有专房宠。好音乐，伶官赵惟一得侍左右。大康元年（1075），宫婢单登、教坊朱顶鹤

契丹小字"寿昌通宝"背"皇"金钱面

诬后与惟一私通，枢密使耶律乙辛把此事告知道宗。道宗大怒，下诏教乙辛与张孝杰审问劾状，重刑之下，赵惟一屈打成招，因而实之。族诛惟一，赐后自尽，归其尸於家。乾统初，冤案得以平反，萧观音被追封为宣懿皇后，与道宗合葬庆陵。

道宗的第二个皇后，名萧坦思，是驸马都尉萧霞抹之妹。大康二年（1076）懿德皇后死后，由大奸臣耶律乙辛推荐，选入掖庭，立为皇后。入宫数年，未见皇嗣，皇后萧坦思又荐其已经嫁给耶律乙辛儿子耶律绥也的妹妹斡特懒，说她适宜生儿子，让斡特懒离婚，由道宗纳入宫中。大康八年（1782），皇孙耶律延禧进封梁王，皇后萧坦思降为惠妃，徙乾陵；皇后妹斡特懒被遣送还家。不久，惠妃母亲燕国夫人厌魅梁王，被杀。道宗贬妃为庶人，幽于宜州，诸弟没入兴圣宫。天庆六年（1116），召还，封太皇太妃。後二年，奔黑顶山，卒，葬太子山。

从感情看，三十多年的夫妻，萧观音对道宗可谓情深入骨，萧坦思是无法比拟的，尽管一时气愤铸成"千古奇冤"。随着时间的流逝，和对耶律乙辛和张孝杰奸佞之心的洞察，辽道宗很快认识到了自己杀妻灭子的愚蠢，只是碍于皇帝的情面打掉牙往肚里咽。他巧妙地采取降封、调离等手段，很快剥夺了耶律乙辛和张孝杰手中的权力，并逼迫他们自绝于国法，不动声色地为妻子、儿子报了仇。耶律乙辛推荐的第二个皇后和她的妹妹，也随着乙辛集团的垮台，被道宗所厌恶，所废弃。

寿昌元年（1095），距懿德后被诬杀已近二十年，辽道宗已进入暮年。自大康八年废掉萧坦思姐妹，已有十二年之久，道宗一直没有纳妃立后，他每日都沉浸自责和悔恨当中，他回忆起和萧观音幸福生活的三十年，痛不欲生，思念懿德之情像毒蛇样咬噬着他的心，他想为爱妻平反，可无法说出口——他不敢为自己的昏

契丹小字"寿昌通宝"背"皇"金钱背

契丹小字"寿昌通宝"背"皇"银钱

庸买单，他怕孙子对他仇恨，他怕臣民不肯愿谅他的愚蠢……

无奈之下，辽道宗决定把为爱妻翻案的重任交给孙子去完成。为了减轻自己对妻子的忏悔之情，表达自己愿为妻子翻案的决心，在纪念皇后被冤杀二十周年，道宗以他的聪慧设计铸造了这枚背铭契丹小字女性"皇"字的"寿昌通宝"钱。

这枚契丹小字年号钱"寿昌通宝"背"皇"字钱，本身就是一枚中国钱币上的传奇钱。它所蕴含的萧观音传奇，更是千古绝唱。它所揭示出的辽道宗思妻、念妻的繁杂心情跃然纸上，是汉字史籍契丹文书都前所未载的，他对重新认识辽道宗将是独一无二的实证。在钱币上铸上自己对妻子的思念和忏悔，这在世界钱币史也将是空前绝后的一个奇迹。

契丹小字年号钱"寿昌通宝"背

"皇"字钱，是辽钱中最珍稀品种之一。

契丹人高超的铸钱工艺——"大辽国宝"背阴刻契丹文"寿昌万年"考

"大辽国宝"背阴刻契丹文"寿昌万年"钱，目前见到的有金、鎏金、银、铜、铁五种材质，另有同样钱文的金钱树。具体数据如下：金钱，径29.81毫米，穿7.66毫米，厚1.92毫米，重15.9克；银钱，径29.5毫米，穿7.44毫米，厚1.99毫米，重8.9克；铜鎏金钱，径29.38毫米，穿7.42毫米，厚1.8.9毫米，重7.6克；铁钱，径29.43毫米，穿6.4毫米，厚2.04毫米，重7.4克。金钱树，通高143.06毫米，树上宽65.87毫米，树下宽68.53毫米，梗上宽8.03毫米，梗下宽9.61毫米，梗厚3.89毫米。树上钱径30.08毫米，穿7.68毫米，厚2.41毫米。钱树总重150.4克。

五种不同材质、形制、文字，连阴刻

文字都一丝不差的"大辽国宝"背阴刻契丹文"寿昌万年"钱的存世，证明了契丹"同模多材同铸工艺"的真实存在。五种不同材质的钱币，是先后从内蒙、山西、辽宁、黑龙江等不同地区通过不同渠道、经不同人手、历时近一年才搜集来的。来自不同地区的五种材质的钱，除直径、穿径、厚薄、重量因材质铸造收缩率和比重不同稍有差异外，缘的宽窄，穿郭狭阔，文字铸镌，笔画舒缓，风格神韵，无一不毫发毕肖，一眼即可确认五钱是同模铸制的孪生姐妹钱。

来自不同地区，不同材质的钱，应是不同钱监，在不同时间铸造。可为什么它们神形具肖，似是孪生？原因只有一个，即铸造它们的铸母是同一祖钱翻铸。这个祖钱是什么样？怎样的工艺才能使铸母保持完美一致，铸造出的子钱形制统一不变？

最近看了《中国钱币》杂志主编周卫荣先生的《翻砂工艺》（《中国钱币》

"大辽国宝"背阴刻契丹文"寿昌万年"金钱面

2009年第3期）受到很大启发。周先生在分析了出土资料后推测：

唐代的雕母当是阴模，这种阴模以滑石雕成可能性最大。如此，唐代的母钱（铸模）当也以锡母的可能性为大，因为用石阴模浇铸，显然锡（包括锡铅合金）要比铜（青铜）来得方便而有效。

以周先生的论述衡量契丹铸钱工艺，笔者感到有以下几点启发：

其一，契丹铸钱工艺已比唐朝有所进步，契丹所用雕祖已改用阳文，可能也是用多种软质材料雕制，如木头，石头，铅，锡等等。翻铸的母钱可能并不像宋以后的单个母钱，当时的母钱可能就是钱树。证明之一就是已发现的契丹钱树里有相当多的铅、锡钱树，它们应就是翻铸"子钱"的"母钱"。用"钱树母钱"翻铸"子钱"，既节省了工料、时间，又保证了产品质量的标准化。这应是契丹人对铸造工艺的一个贡献。因各地的"母钱"都源于一个"祖钱"，故无论在契丹任一

"大辽国宝"背阴刻契丹文"寿昌万年"金钱背

钱监铸出的"子钱",都会与全国所有钱监铸出子钱一模一样,神形毕肖。

其工艺流程大致应如此:1.用软质材料雕制出祖钱;2.用祖钱制成翻铸母钱树的砂型;3.翻铸成钱树母钱和铜试铸钱树,及赏赐用金、银钱树;4.用合格的钱树母钱制成翻铸子钱的砂型;5.用砂型大量翻铸铜、铁子钱。

其二,现存于世的契丹钱树之所以排列整齐,轮郭精整,文字清晰。就是因为这些钱树多是作为翻铸"子钱"的"母钱"。而用"祖模"铸出的铜试铸钱,及赏赐用金、银钱,自然也就显得规整精致,非同一般。

其三,这种钱树母钱铸钱工艺,应是契丹铸钱工艺方法之一,也应是契丹人探索翻砂铸造工艺的途径之一。它的发现并不意味着其他工艺方法的不存在,契丹时期应是多种铸钱工艺方法同时存在同时摸索试验改进阶段,这恐怕也是契丹人收藏钱树的重要原因。

用钱树母钱翻铸子钱应是契丹族人坚持使用至其消亡的主要铸钱工艺之一,无论大辽、北辽、西辽、西北辽、东辽、后辽,还是东丹、大渤海、大奚,应都是坚持使用这种铸钱工艺的国家和政权。因为历朝历代铸钱机构都有保存母钱、祖钱的传统,特别是女真人、蒙古人和契丹人共同坚持信仰的萨满教义把天皇帝的"王信"钱币当成"圣物"的理念,在掠夺契丹政权宝货时起到了保护作用,使这些契丹人宫廷、钱监等贮藏用的档案似的钱树得以在新政权继续保存。由于元被朱明打败,撤退到关外的蒙古人把从世界各地掠夺的宝物,包括从契丹人所有政权宫廷、钱监等地区掠夺来的,各政权贮藏用的档案似的钱树、母钱、祖钱汇聚到一起,分别在东北与内外蒙古地区进行了窖藏。恰巧又碰上清政权对东北的"禁封",方使得这些钱树、母钱、祖钱得以保存到今天。这可能是冥冥中上天对契丹被灭绝殆尽的文化的特殊眷顾,否则无法令人信服

"大辽国宝"背阴刻契丹文"寿昌万年"银钱

"大辽国宝"背阴刻契丹文"寿昌万年"铜鎏金钱

地解释这一旷古未闻的奇迹。

契丹人把翻砂工艺带到中亚、西亚，并传到世界，大辽、西辽政权在其中发挥了极其重要的作用。翻砂工艺的传播，使世界工业革命成为可能。正像周卫荣先生所说：

可以这么说，没有翻砂工艺，就没有近代机器制造业，也就没有近代工业革命。（《翻砂工艺》《中国钱币》2009年第3期）

如果说唐朝完善确定了翻砂工艺技术，契丹在翻砂工艺的推广和传播方面起到了巨大的无可替代的作用。今天，当我们中国人骄傲地向世界夸耀，由中国古代铸钱业发明的技术工艺对人类技术文明发展做出巨大贡献时，不应忘记聪慧豁达的契丹人，正是他们把完整的翻砂工艺和科学的工艺思想带给了西方，传递给了现代世界，他们同样应得到世界的尊重，在人类技术文明史上应给予他们应有的地位。

"大辽国宝"背阴刻契丹文"寿昌万年"铁钱

辽天祚帝时期

两枚契丹文年号钱金雕母

这是两枚较难释读的契丹文金钱，两钱上的年号比较容易译释，很多契丹文墓志铭里都有，虽然钱上年号不见附缀"天（上八下大）"字，或称"大"字，但其他原字丝毫不差，所以把它厘定为"乾统"、"天庆"两年号应是正确的。年号前的契丹小字"天（上八下大）"字和大字年号前的"天（上天下土）"字的作用是相同的，既可在年号前作为限制性定语"天朝"，又可和其他字词组成新的词组，如"天（上八下大）或大、寿"组成（寿昌、寿隆）。

"宝"也应无疑义，虽然两个宝字在右旁书写上稍有区别，但不影响它的读音和词意，所以都译为"宝"应也是正确的。乾统钱穿右的"今火"字，与墓志铭中的"通"不见相同的字形，但译作"通"字已有先例，应无疑义。难译的是"天庆钱"穿下"八公"之字，这个怪字是"元"还是"通"？在目前所能见到的契丹小字资料中查了几天也没见到相同或相近的字。

契丹小字"元"字与此字差异过大，应予否决。说其是汉字"通"字的契丹语译词，应不是臆断。契丹小字中，"通"、"同"、"统"、"疼"用字都相同或相近，区别都仅在声母，从它们组词情况看，大多是记录契丹语译汉语官名，如"御院'通'进"、"'通'判"、"'同'知"、"仪'同'三司"、"都'统'"、"'疼'痛"等等。用字既然相

契丹文"乾统通宝"金雕母

同或相近，推知它们组词的原字应也音同或相近，其声母应可以互通和互相借代。其中最明显的例证是"通宝"的"通"与"御院（通）进"、"（通）判"的"通"的声符"令"和"方（撇出头横左头上加一撇）"相通而且可以互相借代，说明这两个声符读音是相近的，字义也相似的。

"方（撇出头横左头上加一撇）"可单独使用。它与一个类似"天庆钱"穿下"八公"的字，"八人上（上为一竖一横无右小横）"读音相近。而"天庆钱"穿下"八公"钱中"公"下之"厶"字，往往与书写中的"上（一竖一横）"写成一个字。由此感到"天庆钱"穿下"八公"一字，应是"八人上（上为一竖一横无右小横）"读音一字的异体字。既然"八人上（上为一竖一横无右小横）"与组成"通"字的，可单独使用的"方（撇出头横左头上加一撇）"读音相近可互

通，那"天庆钱"穿下"八公"一字亦应可以单独使用，读作汉语"通"了。

数日研讨揣摸，终于豁然开朗，"通"字一解，两钱的释读即算完成，"通"字虽说尚需更多资料验证，但到目前为止，笔者之释读应是最有理有据，逻辑上最合理的一种释读。两枚金质契丹文钱，至此可定名为"乾统通宝"和"天庆通宝"。

"乾统通宝"和"天庆通宝"钱，都是大辽国末代皇帝天祚帝所铸。天祚帝共建元三个："乾统"、"天庆"、"保大"。"乾统"、"天庆"是第一二个年号，每个年号十年。"保大"年号仅存在五年，大辽国就灭亡了。这两枚"乾统通宝"和"天庆通宝"金钱，材质细腻，厚重敦实，舒展大气，冶铸精湛，温润柔滑，含金量高，书法精美，刀工超群，应是辽金战争发生前，辽代上下军民仍沉浸在歌舞升平时代的产物。

契丹文"天庆通宝"金雕母

面龙背"御"金钱

"乾统通宝"钱直径69.59毫米，穿径8.06毫米，厚3.70毫米，重168.9克。"天庆通宝"钱直径51.3毫米，穿径7.15毫米，厚3.67毫米，重85.4克。两钱均为雕刻制成之钱，从其形制厚重，制作阔大，雕痕未化，无拔模措施的情况推测，其应是呈样雕母。不知其子钱是否开铸？观世间尚未见其子孙英姿，惜哉！

大辽二十二个年号所铸契丹文钱，至今已有神册、保宁、统和、太平、景福、重熙、清宁、咸雍、大康、大安、寿昌、乾统、天庆等十三个年号发现有钱存世，而且是金银两种材质同模铸造。其铸造方法亦是先铸制呈样钱呈报审批，回来按批准样式修改完善，重新雕出祖钱，翻铸铸母，下发钱监翻铸子钱。这两枚契丹文"乾统通宝"和"天庆通宝"金雕呈样母钱，把契丹铸钱流程缺失的环节补充完整，其功至伟。

契丹文钱都是辽钱中的精品，稀罕宝贵，这两枚契丹文"乾统通宝"和"天庆通宝"金雕呈样母钱，更是辽年号钱中的顶尖至宝。

面龙凤背"御赐"对钱错铭之谜

2010年6月22日，在北京"契丹文明密码文物精品展"上，展出了一对契丹文汉文对译的面龙凤背"御赐"金质对钱。当时目鉴的时候，从形制、材质、锈色、图饰、钱文，以及雕工刀法、熟旧程度、磨损状态，多方面审视，都觉得没有破绽。几个藏友及来参加会议的博物馆专家，都一致认为是"大开门"的真品。但经笔者考证，该对钱系辽代赏封钱真品，只不过是对"错铭"之钱，相当于当代人民币的"错版币"。

该对钱，面分别雕戏珠双龙和衔芝双

面凤背"赐"金钱

凤,刀法粗犷,顿挫铿锵,细节精细,神韵隽永。辽龙形象,维妙维肖;辽凤特征,一丝不苟。和圣宗时龙凤赏封钱相比,精细不足,粗犷有余,可知不是同一时期产物,各自的时代特征区别明显。据考证,此龙凤对钱应是辽晚期的作品,是末代皇帝想学圣宗皇帝、皇后同赏功臣的一对习作钱。面龙背"御"钱,径61.5毫米,穿11.5毫米,厚2.2毫米,重81.72克;面凤背"赐"钱,径61.5毫米,穿11.5毫米,厚2.5毫米,重87.33克。

该对钱的背面,穿上下分别阳铸一契丹文和一汉文篆书字。龙钱穿上下上为契丹文"御"字,下为汉文篆书"御"字;凤钱穿上下上为契丹文"禄"字,下为汉文篆书"赐"字。两钱汉文篆书"御赐"二字,篆法与汉地殊异,契丹风格明显。

该对钱形制规整,轮郭均中规中矩,面背均有未化尽刀痕,特别钱背地章和穿郭上都可见明显的似锤击的未化尽刀痕,此种情况在辽天祚帝以前的各代宫钱中从未见到过,这恰恰说明该钱铸制时间不会早于乾统元年(1101)。

出于慎重起见,将这对钱与萧太后赐与军节度使耶律奴瓜对钱一起到天津金属检测中心做了成分,特别微量元素对比检测。检测结果,金、银含量大体相同,均含有当代黄金不具备的铁、锰、锌、镍等微量元素,确系辽代黄金制品。

《辽诗释略》中记载有天祚帝时期的一首民谣《翁翁歌》,形象地描绘出契丹灭国前一切行将就木的真实情景:皇帝耽溺声色犬马,大臣们昏庸无能,各项制度无人过问,衙官小吏各行其是,军国大事无人问津。

五个翁翁四百岁，南面北面顿瞌睡。

自己精神管不得，有甚心情管女直？

诗的大意是："五个老翁年纪足足四百岁，南面官北面官个个打瞌睡。自己还强打着精神度时日，哪有啥心情去杀那女真人？"

试想镇压女真造反这样的大事都无人过问，刻错契丹文钱这芝麻粒大的小事，怎么会有人细查？所以，我认为这对面龙凤背契丹文汉文对译"御赐"金质对钱是出现在辽末政务管理松弛时期的一对"错铭钱"，是辽代灭亡的实物见证，是辽代宫廷赏赐钱中唯一的一枚"错版钱"，它的历史价值非一般金钱可比，是珍钱中的珍品。

附：面契丹文背汉字吉语金套钱考释

天津藏友郭先生有一套四枚面契丹文金钱，背各镌汉文一字，合为一句汉文吉语"泰和通顺"。

四枚钱都是折五型钱，钱径36—37毫米，厚3—4毫米，重量39—42克。含金量经检测在95%—98%间。个个厚重雄浑，制作精良。钱面契丹文隶书体间架有力舒展流畅，背面汉字书体楷隶相间拙朴矫健。文字不是铸出的，而是人工在金钱上雕刻而成的，雕刻刀法纯熟练达。

钱面上的契丹文字，经向日本籍契丹、女真文字学家乌拉熙春教授请教，加上笔者的努力，终于得到了确认。

在考释该钱前，有必要先确定这套钱

契丹文"天庆通宝"金雕母

契丹文"令出使相"背"泰"金钱

是何人所制？钱背尽管刻有"泰和通顺"四字，但不能证明它们是金章宗泰和年间所制。先不说金章宗明昌二年（1191）十二月，"乙酉诏罢契丹字"后十年或更多年（因为"泰和"存在八年，1201—1208）能不能再制契丹文钱，仅从"泰和通顺"这四字看，就不像金国人自己选的吉祥语，它蕴含的感情太淡了，甚至谈不上吉祥。啥叫"通顺"？就是"通达顺遂"，没有沟沟坎坎较为顺利而已。这算不上吉语，只能算是邻居、同事间的客套话。再说金章宗这位欲超越辽、宋而比迹于汉、唐的的大金雄主，虽无大功于社稷，但还算金口玉言，绝不会允许金国臣民在他在世时就违背他"诏罢契丹字"的诏令而公然制作契丹字文钱！

金国人被排除在制作者之外，远在北方的蒙古、西北的西夏和中亚的西辽，更应该被排除在制作者之外。因为钱文的内容实在与他们离得太过遥远，只与金国的邻居南宋有关。而在这泰和年间，恰恰这个南宋"侄儿国"向"叔父国"金国发动了一场"开禧北伐"，让汉族士大夫们扼腕长叹："遗民忍死望恢复，几处今宵垂泪痕！"可以推测，钱文的内容是"开禧北伐"失败后，南宋小朝廷某些人向金国的乞和书。

该四枚钱初步汉译钱文：背"泰"钱，读序"上右左下"，为"令出使相"；背"和"钱，读序"上左下右"，为"宁宗失检"；背"通"钱，读序"上左下右"，为"重开结武"；背"顺"钱，读序"上左下右"为"告奉应答"。四句话组成一篇短文："令出使相，宁宗

契丹文"宁宗失检"背"和"金钱

失检，重开结武，告奉应答。"

译成白话文就是："（这场"开禧北伐"）决策命令由掌握军政大权的枢密使和宰相（这里应该不是指立班在宰相枢密使之上的太师、平章军国事韩侂胄，而是指指挥军事的安远军节度使、领阁门事苏师旦和原两淮宣抚使邓友龙等）下达，南宋年轻皇帝宁宗对挑起战争没有制止失于检点，今天我奉命重开结束两国动武的谈判，把奉命谈判的使命告诉贵国请给予响应和答复。"信的内容表达了南宋对"开禧北伐"的四个观点：1.北伐是由使相们决定并指挥的；2.事情与南宋皇帝无关；3.南宋朝廷已决定重开停战谈判；4、金国是否愿意停战开始谈判请尽快给予回答。

译文显而易见表明，此信是南宋官员为"开禧北伐"所写给战争对方金国朝廷的，金钱乃南宋工匠制做。

这是南宋哪位官员写的这封信？是在什么时间、什么情况下写的？为什么用契丹文写？为什么铸成钱币钱文，还用吉语作掩护？历史上有没有留下记载？

在回答这些问题之前，要对这套书信钱产生的背景有所了解，也即"开禧北伐"这件事的来龙去脉。

"开禧北伐"是宋宁宗开禧年间（1205—1207）由韩侂胄组织领导的，目的是收复被金占领领土而发动的战争。韩侂胄是北宋名臣韩琦曾孙，母亲是太皇太后的妹妹，妻子是太皇太后的侄女。韩侂胄因拥立宋宁宗即位有功，官至一人之下万人之上的太师，平章军国事。

开禧元年（1205），在北宋灭亡七十多年后，金、宋两国局势发生变化，对南宋相当有利。沦陷在金人之手的北方领土上的汉族遗民，热切盼望宋军北伐，而南

189

方军民收复失地的愿望越来越强烈。陆游"遗民泪尽胡尘里，南望王师又一年"、"遗民忍死望恢复，几处今宵垂泪痕"等诗句，真实地反映了当时的民心状况。而金国金章宗在位多年，国势日见衰弱，尤其是北方蒙古的崛起，大大削弱了其统治。可以说，这个时候正是北伐的大好时机。韩侂胄此时组织北伐，应该说是占尽天时、地利、人和。只是，南宋自张浚北伐失败后，近四十年未曾经历战争，缺乏得力的军事将领，这成为开禧北伐的巨大隐患。而韩侂胄志大才疏，用人不明，更注定这次北伐战争有极大未知之数。

开禧二年（1206），韩侂胄命令殿前副都指挥使郭倪指挥宋军渡淮，勇将毕再遇攻取泗州，初战告捷。五月初七，宋宁宗正式下诏伐金。当时，宋军北伐主力分布在江淮和四川两翼：邓友龙为两淮宣抚使，负责指挥东线作战；程松为四川宣抚使，吴曦为副使，负责指挥西线作战。本来应该东西两线互相呼应，结果事情就坏在这个韩侂胄最信任的吴曦身上。

吴曦是抗金名将吴璘之孙。吴璘、吴玠兄弟当年在四川领导抗金斗争，功绩显著。当时蜀人只知道西蜀有吴氏二位将军，却不知有宋朝廷，可见吴氏兄弟声名显赫，影响之大。十分可惜的是，吴曦非但没有继承先祖的忠勇，还为了一己私利而甘当可耻的卖国贼。他派人密通金朝，提出愿意献出阶、成、和、凤四州给金人，换取金人封他作蜀王。金人答应，命吴曦按兵不动。

吴曦叛变后，金军便无西顾之忧，全部部署东线战场。结果，宋军在东线接连战败，郭倬、李汝翼败于宿州（今安徽宿县）、王大节兵败蔡州（今河南汝南）、皇甫斌兵

契丹文"重开结武"背"顺"金钱

契丹文"告奉应答"背"通"金钱

败唐州（今河南唐河）、李爽军溃寿州（今安徽凤台）等等。只有毕再遇军屡战获胜，但无补败局。

韩侂胄因出兵无功，罢免指挥军事的苏师旦和邓友龙，让江南东路安抚使丘崈出任两淮宣抚使，部署长江防线上的三衙诸军分守江淮军事要地。丘崈有些军事才能，也主张对金复仇，北伐前侂胄曾拉拢他共取功名，他反对贸然用兵，以为这是"侥幸以求万一"。如今北伐丧师，韩侂胄不得不起用他来收拾败局。

丘崈一到任，便采取守势，结果，又连遭失败。丘崈便干脆与金军秘密谈和。东、西两线都按兵不动，韩侂胄立即处于孤立。金人随即兵分九路，大举南下，开始了全面反攻，战线波及整个宋金边界。宋朝连连败退，形势颇为不利，南宋朝廷大震，议和的呼声又一次高涨。韩侂胄见

宋军接连在军事上失利，罢免了丘崈，改命张岩督视江淮兵马，同时，又派使臣方信孺到开封向金人请和。其时金军由于战线过长，损失惨重，已经无力再战，却趁机对南宋朝廷开出了高昂的议和条件：割两淮、增岁币、赔军银，以及北伐首谋者韩侂胄的人头。韩侂胄大怒，决意再度整兵出战。然而，一场政变在朝廷内发生了。

以礼部侍郎史弥远为首的主和派勾结宋宁宗皇后杨氏，密谋杀害韩侂胄。皇子荣王赵曮上疏，说韩侂胄再启兵端，将危害国家。史弥远率先上书弹劾韩侂胄，指责北伐以来百姓死伤无数，公私物力非常困难，给国家造成祸害。但宋宁宗依然信任韩侂胄，于是杨皇后决定铤而走险。开禧三年（1207）十一月初三，史弥远在杨皇后的支持下，矫称有密旨，令权主管殿前司公事夏震率兵三百，埋伏在六部桥

拍卖会上出现的面契丹文背汉字吉语金套钱

侧，等韩侂胄入朝时，将其截至玉津园夹墙内活活打死。

宋宁宗嘉定元年五月丁未，权倾一时的韩侂胄的首级从临安送抵金中都（今北京）。当年，金国以甫建国的锐气和兀术统帅的悍将精兵，也只能逼迫赵构秦桧杀掉岳飞而已，而今天金在国力衰颓之际竟还能令敌人自己献上统帅之首，不难想象金人此刻的兴奋。金章宗亲御应天门，接受平南抚军上将军纥石烈贞的献首。随着韩侂胄首级悬于闹市，金正式宣布罢兵。九月，宋金嘉定和议签订，南宋朝堂上的衮衮诸公如史弥远、钱象祖之类终于可以放心苟延残喘、醉生梦死了。（取自《宋史》本纪及传、《未闻函首可安边》诸文部分文字联缀而成）

关于金宋两国和谈的这段历史，宋朝方面各种说法歧出，有说是两淮宣抚使丘崈最早进行，时间在开禧二年（1206）六月底，接任两淮宣抚使后。也有说、是在开禧二年（1206）十月，面对东、中、西全线崩溃的局面，韩侂胄对抗金丧失了信心。他一方面输家财二十万缗助军，一方面开始跟金人暗中议和。金国方面最早放出议和气球的是金前线统帅仆散揆，他在得到宋要议和的情报后，不失时机地主动派出了通和使者。使者韩元靖，自言韩琦五世孙（论辈份，是韩侂胄族侄），在十二月份见到督视江淮兵马，全面负责江淮军事的丘崈。通过韩元靖，丘崈取得了金人通和的行省文书，上报朝廷。韩侂胄於是委托丘崈主持议和交涉。金方提出的

条件是南宋须称臣割地，献首祸之臣韩侂胄。韩侂胄当然不会接受这一条件，便中断和谈。丘崈建议继续与金朝议和，侂胄一怒之下罢免了他，改命知枢密院事张岩代领其职，准备与金朝打下去。

《金史》关于宋要议和的情况有三条，都集中在金泰和六年，开禧二年（1206）十一月：

壬辰，宋督视江淮兵马事丘崈遣刘佑来乞和。

庚子，宋丘崈遣林拱持书乞和。

癸卯，丘崈复遣宋显等以书币乞和。（《金史·章宗本纪》）

宋金两国历史对照，可信的史实应该是：开禧二年（1206）十月至十一月初，面对宋军东、中、西全线崩溃的局面，韩侂胄对抗金丧失了信心。他一方面输家财二十万缗助军，一方面开始跟金人暗中议和。暗中议和是韩侂胄委托丘崈主持进行的。《金史》所记的三次丘崈遣人赴金洽和应就是丘崈受韩侂胄委托与金暗中进行的。其中"癸卯，丘崈复遣宋显等以书币乞和。"的书币应就是本文考释的面契丹文背汉字吉语套子金钱。

经多种史籍核查互证，证明该套钱钱文内容语句观点均与开禧历史事件环境时代相符，说明该书币确是当时宋丘崈遣人洽和的书信用币。丘崈亦应是这套书币的设计者和制作者，制作时间为开禧二年（1206）十一月癸卯前几天中。因为是在暗中秘密进行，所以把信的内容分成四句话分别铸在四枚钱上，用契丹文书写是怕

宋人知道内容，防止宋军心受到影响，写上吉语是迷惑不知情人使他误以为是金国的吉语钱。

这封书币信送到了金章宗面前，与金章宗早想停战的心理一拍即合，他下定敲宋朝竹杠的决心。开禧二年（1206）十二月，金章宗遣使告谕仆散揆：

如赵扩奉表称臣，岁增贡币，缚送贼魁，还所浮掠，一如所谕，可以罢兵。

接着，发生了仆散揆派出了通和使者韩元靖拜见丘崈的史实。这说明这套书币，在促使宋金两国停战议和上确实起到了重大作用。这套钱币的珍贵之处也正在于此。

这套书币应是中国钱币史上独一无二的国家外交钱币，应称为"国家书信币"。它是宋金历史上著名的"开禧北伐"最有价值的历史文物。它连续创造了中国钱币史上的数个第一：是第一次发现的内容关联的宋代也是中国钱币史上的唯一的一套黄金材质套钱；是已知的中国五千年历史上唯一的一套由汉人书写并雕刻制造的契丹文钱币；是一套中国钱币史和中国历史上唯一的一套镌有重要书信的钱币；是中国历史上保留至今的唯一的一封黄金国书；是中国五千年文明史上唯一的一封具有多种防泄密设计进行秘密外交的公函等等。

该套钱币具有很高的历史价值、文物价值、艺术价值、学术研究价值，是中华民族的瑰宝，是中国人民智慧的结晶和创造。

契丹铸币的鉴定

契丹铸币的精湛工艺

在研讨契丹铸造的品类众多的钱币质量时，有个奇怪的现象始终存在，那就是一提到契丹钱质量问题，所有的钱币学家都会以契丹历代的年号小平钱说事，尤其是以辽穆宗的"应历钱"和辽道宗的"大康钱"、"大安钱"说事，即以这些钱的实物证明辽钱漏铸、错范、平夷等技术问题比比皆是，证明契丹钱质量低劣，进而以此论证契丹族文化落后，经济不发达。

笔者亲自过手过数万枚契丹钱，漏铸、错范、平夷等问题在小平钱和用于流通的非年号钱中确实存在，但也确确实实仅占并不影响大局的很小一部分。

为什么用于流通的契丹小平年号钱与非年号钱会存在这么多质量问题呢？而很少用于流通的折二以上大钱和非年号钱为什么质量相对较高，甚至大部分制作精细呢？症结的核心在于，契丹历代统治者在萨满教"万物皆神"宗教思想影响下产生的货币思想与世人所公认的货币思想相差甚大。公认的货币思想认为钱币就是物资交换的媒介，钱币所有的功能都是在此基础上生成。而契丹历代皇帝都把钱币视作"如朕亲临"的"圣物"和传达朝廷动态的"王信"。把物资交换的媒介功能降低到政治功能以下，并在货币政策方面与铸币实践中予以保证和强化。概括起来，其做法有三：

一、坚持和强化"钱帛兼行"的货币政策。长期在

古代铸钱图之母钱印模

古代铸钱图之浇铸

古代铸钱图之浇铸

境内推行以布帛、牛羊等实物货币为主币，金属铸币为辅币的政策。契丹是中国货币史上最晚也是最后废除布帛币的朝代。时间已迟至大康七年（1081）十一月辛亥。

二、宁肯把钱币铸造机构的绝大部分人力物力投入到翻铸周边国家和前朝钱币中，在国内让翻铸的和输进的外国钱占据市场主导地位，也不扩大自己国家行用流通钱币的铸造数量。景宗朝设铸钱院，年铸钱（应为铸行用钱）仅500贯。

三、长期不把年号钱投入流通，直到建国近八十年的乾亨四年（920），因市面已很难见到契丹行用钱"千秋万岁"钱（人们多把其当作圣物收藏，每年续铸的500贯投入市场，犹如沧海一粟），才把原来主要用作祭祀、赏赐的小平年号钱投入流通。

契丹皇帝这种片面重视钱币政治宣教功能、忽视钱币物资交易媒介功能的货币思想与做法，造成了契丹金属铸币的畸形发展，使非行用钱的铸造越发地精致厚重、浑然大气，而使行用钱的质量急速下降。

随着经济的发展，国内外市场对契丹行用钱需求增加，周边国家和前朝钱输入与翻铸量减少，自道宗咸雍末年起契丹不得不急速增加流通用小平年号钱的铸造量，到大康七年布帛彻底退出流通领域后，流通用小平年号钱的需求成几十倍地突然增加。在这种情况下，往日清闲惯了的铸钱机构没被压垮已是奇迹，能完成铸钱任务实属不易，产品质量有些问题也就不足为怪了。因为小平钱在交易中是论个计算的，人们并不计较它铸造的优劣钱文是否清晰。所以，流通行用钱中小平钱质量最差，小平钱中又数大康钱、大安钱最差。

当然，除了契丹皇帝铸币思想对铸币质量的影响外，铸钱机构对流通钱的铸造疏于严格管理，未能严格要求技术工艺也与行用钱质量较差有一定关系。但根子仍在契丹皇帝铸币思想中对钱币经济功能的轻视这一关键问题上。

币材分类和化学成分

契丹地处北疆，矿产丰富，金、银、铜、铁、铅、锡都有出产。但由于契丹长期实行"钱帛兼行"、"银钱同行"的货币政策和集团式采购的贸易政策，契丹朝野上下都不甚重视价值小的辅币——铜钱的铸造。更因为契丹政治上实施"以国制治契丹，以汉制待汉人"的"一国两制"政治制度，在管理契丹、汉人的南北官系统中，都分别设有负责货币制造和投放的管理机构。因而导致辅币铜钱的铸制质量参差不齐，版别众多。

南面官所属铸钱机构工艺管理比较严格，币材合金配比科学合理，铸钱质量较高，不次于中原任何王朝；北面官所属铸钱机构工艺管理较为粗放，币材合金配比不够规范，铸钱字口浅、笔画粘连、错范较多、质量较差。

契丹铸钱，为省工省料，多就矿冶铸。各地铜矿含铜量不同，铜色各异，币材多种多样，结果造成契丹铜钱独特的成分组成和锈蚀肌理。

从材料上看，契丹铜钱大体有紫铜钱、青铜钱、黄铜钱、白铜钱诸种。种类虽不多，但成分组成却五花八门。同样的紫铜、青铜、黄铜、白铜，南北不同，一地一样，一炉一样，钱钱不同。正因如此，对它们的成分组成只能做个大概分析。

紫铜

又称纯铜，含铜量约在96%—99%，呈紫红色。契丹钱中很多就矿冶铸的铜钱为紫铜铸造。但由于各矿含铜量及其他成分的不同，铜色还有暗红、大红、橘红、鲜红、亮红、深红等。紫铜钱包浆一般为红色。锈亦多为红锈或点缀星点绿色，少见全绿色锈。

青铜

是契丹钱主要币材，是一种铜、铅、锡三元合金，契丹钱用青铜可分为两大类：

仿面四神背汉文"赐与军节度使耶律奴瓜"金钱

第一类是锡青铜。

契丹锡青铜钱币又分锡白铜钱和锡青铜钱两种。

锡白铜钱：含铜约70％—80％、锡约20％—30％。钱呈银白色，俗称"白铜钱"，包浆大多为黑色或褐色，很少生锈。这种白铜钱在契丹钱币中较少见，长春州钱监生产此种白铜钱较多。属珍稀品种。

锡青铜钱：契丹锡青铜钱含铜量高于80％、含锡量少于20％。钱呈淡棕色，俗称"青黄色"。契丹锡青铜钱都含有铅，一般在3％—8％，与现代锡青铜的化学成分相近。锡青铜钱在所谓辽"下八品"钱中占有一定比例，但在厌胜钱、非年号钱和早期钱中比纯铜钱、红铜钱要少得多。包浆、锈色多为黑底翠绿色。

第二类是铅青铜。

契丹铅青铜钱含铜70％—90％、含锡2％—10％、含铅5％—35％。若含锡、铅量多，则钱呈灰白色；若含锡、铅量少，则钱呈黄青色。契丹铅青铜钱的铅锡含量都较少，一般仅在5％—20％左右。铜色以青黄为主，灰白色未见。数量应排在红铜、紫铜之后，与锡青铜不相上下。包浆以红、黑为主，锈色以绿锈为主。

黄铜

是一种含锌的铜合金。契丹很早就用黄铜铸造铜钱了。早期钱中的契丹铸"小泉直一"、"货泉"、"大泉五十"、"通行泉货"中，都有黄铜钱。但他们的黄铜钱大多是用炉甘石或含锌铜矿石冶铸而成。古代称锌为"倭铅"，用炉甘石熔炼而成（即菱锌矿$ZnCO_3$）："赤铜入炉甘石炼为黄铜，其色如金。"契丹帝国建立后，经常从中原进口炉甘石，史籍中有多处记载。其进口的炉甘石即多用于铸造"瑜石（黄铜）钱"，目的可能是用这种

契丹文大钱背"十千"

黄铜钱代替黄金钱去和中西亚各国贸易。

契丹黄铜钱又可分为：

第一，黄铜（瑜石）钱。含锌3%—30%、含铜70%—90%。若含锌量在10%—20%，称为红铜，俄国称为丹（契丹）铜。契丹黄铜因含锌量不同，颜色有金黄、深黄、嫩黄、浅黄等多种。而红铜（丹铜）以暗红、深红为主。曾见一枚瑜石钱嫩黄温润，真不输黄金半点颜色。瑜石钱不生铜锈也无金锈，只见黄色包浆，说它低黄金钱一等，亦非准确，估计在当时，高档瑜石钱就完全是作为黄金钱使用的。

第二，红铜钱。含铜80%—90%、含锌10%—20%。俄国称为"丹铜"（契丹铜）。是契丹铜钱中用量最多的币材品种。铜色有赤红、殷红、深红、暗红等。包浆多见栗红色、黑色、紫色，好生红斑

绿蓝锈。契丹大型钱多为厚重红铜钱。

第三，铅黄铜钱。含铜70%—90%、含锌5%—25%、含铅0.3%—3%。契丹时期的铜钱中有的含铅量还要多些。含锌量有时会少至1%—10%。铜色多成赭黄色或褐黄色、黑黄色，多生硬绿锈。小平钱中有少量此种钱。

古代铸钱图之母钱印模

契丹花钱

第四，锡黄铜钱。含铜80％—90％、含锌9％—40％、含锡0.2％—2％。有时也含有少量的铅。铜色多呈黄白色，很少生锈。契丹平钱中很少有此种钱。

白铜

铜镍合金，其成分为含铜40％—58％、含镍7.7％—31.6％、含锌25.4％—45％。契丹白铜钱铜含量多在70％—90％，另外含镍1％—5％、含锌3％—10％，并不是真正意义上的铜镍合金"白铜钱"。它只是偶然由镍锌含量稍高的矿石意外铸出的稀罕品。所有"白铜"钱基本上都不生绿锈，多生灰、黑色锈。又可分为：

第一，镍白铜钱，含镍和钴0.57％—2.6％。铜色成亮白色。

第二，铁白铜钱，含镍和钴0.5％—1.5％、含锰0.5％—1.2％。铜色成青白色。

第三，锌白铜钱，含镍和钴12％—16.2％、含锌23％—28％。铜色呈银白色。

第四，砷白铜钱，是由东晋炼丹士发明的，即将赤铜加"砒石"炼为白铜。含砷量约10％，呈银白色。因在熔炼过程中产生巨毒气体，故很少用。

第五，锡白铜钱，由名称就可以知道，这其实是青铜的一种，含锡20％—30％。因这种钱呈银白色，俗称"白铜"钱。

契丹古铜钱中青铜钱最多，丹铜钱次之，再次是紫铜钱，偶尔使用黄铜钱（早期见"小泉直一"、"大泉五十"是黄铜钱）。俗称的白铜钱实际上是含锡量较多的锡白铜钱，铁白铜少见。而砷白铜、镍白铜、锌白铜钱基本上都不是有意生产的，多为意外造成。

契丹铜钱的锈色鉴定

目前所见的契丹铜钱一般有传世品和出土品两类。

传世品是铸造后一直在世间流传,从未入过土的钱币。由于人们长期抚摸把玩,在传世钱表面都会形成一层黑色、褐色或与原铜色相近的氧化膜,它或乌黑发亮、或艳如红翡、或褐黄似玉,它温润、细腻、晶莹、纯熟,水煮不掉、刀刮不去,牢牢地保护着钱币,不让它再被氧化。这层氧化膜即是被称作"包浆"的东西。

契丹钱币由于它与众不同的风貌和具有无限魅力的身姿,从它诞生之日起就受到各族人民的喜欢。人们很少把它们用于流通,而多用于民俗、佩饰、游戏、祭祀、赏玩。不仅契丹人、渤海人、汉族人如此,就是后来把辽财货抢掠殆尽的女真人亦如此,而蒙古人更如此。所以,契丹钱传世品的数量超过出土品。这是中国古钱币中的唯一特例。

出土品是人们从土中、水中、墓中发掘出的钱币。因出土的时间不同,分为生坑(新出土)和熟坑(出土较长时间,又称老生坑);因出土地点不同,分为干坑、水坑、沙漠坑、草原坑;因出土地域不同,分为南方坑、北方坑。

契丹钱出土品在地下或水下,大都经历了几百年至上千年的时光。由于酸碱等物质的化学作用,钱体上都或多或少地生长出各式各样的锈层。由于地理、地质、入土(水)时间、土或水中所含化学元素的不同,所形成的锈色也不同。契丹处于中国北疆和西北疆,气候干燥,雨水稀少,土质多为砂性碛壤。按土壤特性可分为酸性、碱性、中性三类土壤。黑龙江、吉林多酸性土壤,辽宁、河北、山西多中性土壤,内蒙古多碱性土壤。

"周处斩蛟"人物花钱

由于埋藏土壤不同、地域不同、条件不同，腐蚀程度不同，锈色大相径庭。

黑龙江、吉林地区的契丹钱出土品，由于长期埋在酸性（PH值为4—7）土壤中，锈蚀颜色一般呈绿色（颜色由苹果绿—淡绿—中绿—深绿—橄榄绿逐渐变化）。并产生碱式碳酸铜[$CuCO_3 3Cu(OH)_3$]，呈淡绿色。有时还会产生碱式硫酸铜[$CuSO_4 3Cu(OH)_2$]，呈橄榄绿色。并在钱表面形成稳定的保护膜。由于锈蚀的厚度不同，锈的化学成分不同，含量多少也不同，因此便会形成各种深浅不同的绿色，俗称松绿、瓜皮绿、纯绿、绿漆古、靛兰绿等。这类锈蚀往往是全面腐蚀和局部腐蚀的综合产物，同时还会产生电化学腐蚀。故钱面上有斑状、槽状及坑眼。又因有晶间腐蚀和选择腐蚀，铜钱内部的锡、铅等易腐部分被腐蚀掉，而使铜钱变轻了，并产生微细的小针眼，使钱声变哑，绿锈从孔中产生，俗称"入骨锈"。

内蒙古出土的契丹钱，在埋藏前已在民间使用流通数十年甚至数百年之久。流通中已产生一种氧化铜和碱式硫酸铜，后又埋在碱性土壤中（PH值为7—10），与还原类物质如有机物糖发生化学反应而生成氧化亚铜（Cu_2O），呈深红色，还会生成铅丹（Pb_3O_4），呈大红色，俗称朱砂锈、鸡血斑、枣皮红、黄斑等。同时还保留部分碱式硫酸铜，故保存部分绿锈，所以古铜钱呈红绿锈。同时也会产生局部腐蚀及电化学腐蚀，所形成的微小针眼中也有红绿锈，俗称入骨锈。由上述可知契丹铜钱必须先产生绿锈后才会还原而生成红锈。在沙中则形成"干沙锈"，即绿中有沙，并有黄、红斑。

辽宁、河北、山西出土的契丹钱，由于长期埋在中性土壤中（PH值为7），一般不会生锈，但有些古铜钱的含锡量偏高，若含锡15%—32%时，根据铜锡合金的物理化学特性分析，锡会析出到钱表面形成所谓"水

"婴戏图"花钱

"天下太平"背十二生肖花钱

银光",又称"水银浸"。同时锡青铜还会有"逆偏析"趋向,即锡由内向外析出,使铜钱表面呈"白斑",又称之为"锡汗"。当含锡量在10%—30%时,还会产生二氧化锡（SnO_2）,呈银灰色。这些现象会同时产生,也会分别产生,但都会使铜钱表面形成"水银光"。因中性土壤极不稳定,很容易改变成为酸性或碱性土壤,故有些古铜钱先形成少量的红绿锈后再产生"水银光"。

水中捞出的契丹钱,因水质不同而锈色不同。在较清洁的江、河水中沉埋的契丹钱,腐蚀极微弱,一般小于0.0025毫米/年,黄铜钱略快些。若久浸在有污染的水田或含较多水溶性矿物质如硫酸铁[$Fe_2(SO_4)_3$]的水中,钱则会被严重腐蚀,生成氧化亚铜和硫化亚铜,一呈红色,一呈黑色,并均匀分布,使钱表面形成如薄壳状的灰色锈蚀（颜色由海灰—银灰—淡灰—中灰—深灰渐变）。

在干坑出土的契丹钱,无论紫铜、青铜、黄铜钱,大都和传世品一样很稳定,腐蚀速度一般小于0.00015毫米/年,在铜钱表面会生成一层极稳定的保护薄膜,主要有碱式硫酸铜,呈橄榄绿色;氧化铜（CuO）,呈黑色;硫化亚铜,呈黑色;氧化亚锡（SnO）,呈棕黑色。年代越久,锈层越厚,颜色也越深,俗称为"黑漆古"。若长期在手中把玩,则会使钱表面光亮如镜,俗称"传世古"。这类古铜钱中,也产生电化学腐蚀,故是"哑声"。若古铜钱长期在干燥的环境中,（大气中或土中）也会产生氧化铜和氧化亚铜,呈深黑色,俗称"黑漆古"。有些铜钱先生成红绿锈后,又在干燥环境中生成氧化铜和氧化亚铜,一般称这种有红绿锈的"黑漆古"钱,为"开门见山"钱。

通过前面的论述,可对契丹铜钱的成分组成和锈蚀机理,以及各种锈的颜色、成分、成因等有个初步的了解。由于契丹疆域广阔,各地土壤和埋藏条件不同,古铜钱真实的埋藏状态和锈蚀过程无法用实验复现,因此也可能存在分析不到的其他因素。

后记

当子夜写完本书最后最一篇文章的最后一个字的时候，我长长地舒了口气，第二本书总算完稿了。其实2010年6月底，三本书的书稿就送到了出版社。《契丹钱树鉴赏与投资》文字定稿非常顺利，只是图片重新拍摄费了很多时间，至今尚未彻底结束。这本《契丹文钱币考释图说》，因为要把六七篇论辩性文章全部撤下，换成纯考释文章，所以延误了十几天时间。

十几天里，我几乎是平均两天补写一篇文章。陈传江、陶金承担了全部钱文的翻译，我负责钱币的真伪鉴定和历史考证。钱币来自全国藏友，其中以天津郭氏兄弟、陈传江藏品为主。尽管郭、陈的藏品材质每枚都经过权威部门检测，省却了我鉴定材质的环节，节约了时间，但我并没有丝毫放松从形制、包浆、锈色、钱文书法、风格特征等方面全方位地对要考释钱币的辨真识假，尽可能地不让一枚有问题的钱币入书。

本书收录了笔者契丹文钱币考释文章61篇，分别对60余种"胡书"、契丹大字、契丹小字钱币进行了文字解读和历史考释，基本上对存世可见的辽代契丹文钱币大部分做了初步的释读。尚未释读的契丹文钱币，笔者亲闻亲见过还有约三四十种，有的是藏主不愿藏品面世，秘不示人；有的是只见拓片和传闻，未见实物；有的是原藏主已将藏品散出，踪迹难觅。这些尚未释读的契丹文钱币，但愿今后能在众藏友的支持下再面世，使笔者能有幸再为它们释读考证。

契丹文钱币种类丰富多彩。既有行用流通钱，也有宣传教化钱、祭祀钱、封赏钱；既有年号钱，也有国号钱、国号吉语钱、国号帝号钱；既有纪年钱，也有纪地钱、纪用途钱、纪事钱；既有呈样钱，也有雕祖钱、镇库钱、密信钱；既有方孔圆钱，也有长方钱牌、嘎啦哈形钱；既有玩赏钱，也有捺钵钱、聘享钱……

总之，汉文钱所有的种类它都有，汉文钱没有的种类它也层出不穷。

契丹文钱文有阳铸，也有阴刻和阴铸。既有铸造钱也有手雕钱。文字有胡书、契丹大字和契丹小字，更有独特的祭祀文字。它所记述的内容，涉及了辽代契丹民族社会生活的所有方面。有政治、军事、经济、宗教的大政方针，也有百官任职制度、货币制造管理制度、经济贸易制度、行政管理制度和军事指挥统辖制度。在这里你可以近距离触摸契丹国的政治制度、军事制度、教育制度和外交政策、经济政策、货币政策。看到统治者和臣下、百姓及契丹与邻国的关系，看到老百姓对社会、对生活、对亲人的热爱。应该说契丹文钱币是比汉文史料更能真实反映契丹文明的重要密码之一。

我们对契丹文钱的释读是不成熟的，里面的错误一定很多，希望各界朋友能及时给我们指出，以便我们及时纠正。作为契丹文字研究的自学者、小学生，我们热切期望契丹文学研究专家能走下神坛给我们以真诚的支持和教诲，使我们能把此类研究坚持搞下去。

本书在编写过程中得到了广大泉友的支持，其中以李卫、郭治海、郭治山、边辑、王树人、邵华伟、谷海、施向东、胡少英、李勇林、宫向阳诸位先生贡献最为巨大，笔者这里仅向这些朋友表示深深谢意，希望他们对以后的工作继续给予更大支持。戴志强先生、刘春生先生、李卫先生等专家对契丹文钱币研究给予肯定和支持，给本书编写以巨大支持，这里要特别予以感谢！

陶金先生参与多枚钱币释读，本应署名作者之一，但他本人坚决要求不署名。这里遵从本人意愿，特此说明。

因为我们研究功力尚浅，加之契丹文字研究尚属少数人研究领域，因此本书的出版如能为契丹文钱币研究起到抛砖引玉的作用，或对泉友释读契丹文钱币有所帮助，我们就问心无愧了。

本书编写出版得到春晓图书公司万晓春女士、王瑶先生、窦广利先生无微不至的关怀，从文字修改到图片摄影，每个环节都认真把关，使本书得以顺利出版。对图书公司上下和出版社的编辑们，一并表示谢意！

裴元博

2010年12月1日